카메라 들고,

파리지엔을 만나다

카메라 들고,
파리지엔을 만나다

마리 루이즈 나이싱
송천석 옮김

일러두기

1. 모든 인명과 지명은 국립국어원 외래어 표기법에 따라 옮겼으나, 옮긴이의 의견을 일부 반영하기도 했습니다.
2. 본문의 주는 모두 옮긴이의 것입니다.
3. 파리 시市는 20개 구區로 구성돼 있으며, 각 구는 숫자로 불립니다. 본문에 나오는 '숫자+구'는 해당 인물이 거주했거나 거주 중인 지역으로, 본문 지도에서 해당 구의 위치를 확인할 수 있습니다.

들어가는 말

이 책을 쓰면서 사람들로부터 다음 두 가지 질문을 가장 많이 받았다. 어떻게 파리지엔[1]을 카메라에 담겠다는 생각을 하게 되었으며, 해당 여성들을 어떻게 찾아냈는가?

파리 시내를 걸으며 사람들을 보면서 그런 생각이 문득 들었다. 수많은 파리지엔들 가운데 누가 파리에서 태어난 진정한 파리지엔일까, 다른 이는 어떤 연유로 파리에 오게 된 것일까?

그렇게 떠올린 구상이 이들을 대상으로 한 사진 작업. 파리의 모든 구역, 모든 연령대에서 대상을 찾기로 했다. (반드시) 파리에서 태어난 사람을 목표로 했다. 작업을 하는 과정에서 나는 새롭게 파리지엔 한 사람 한 사람을 알게 되었고, 그들의 이야기도 들을 수 있었다.

대상을 찾는 일은 그야말로 모험이었다. 만남은 친구들과 내가 속한 협회를 통해서도 이루어졌다. 특히 파리지엔을 통해 다른 파리지엔을 만나는 방식이 주효했던 듯싶다! 작업에 들어가면서 고정관념을 뛰어넘고자 하는 마음이 있었는데, 그런 나를 신뢰해 준 책 속 주인공들에게 감사한다.

---

1) 파리 시민이란 뜻. 여성형이다. 남성형은 파리지앵.

우리가 생각하는 '전형적인 파리지엔'은 존재하지 않는다. 하지만 이들에게는 저마다의 다양성 너머에 '뭐라고 딱 꼬집어 말하기는 어려운', '메이드 인 파리'라는 라벨을 붙일 수 있는, 독립적이며 강력한 무언가가 있다.

나는 우리를 결속하는 것이 우리를 갈라놓는 것보다 훨씬 더 강력하다는 것을 이 책을 통해 보여 주고자 한다. 여기 102명의 인물은 '클리셰'로서의 파리지엔을 넘어 실재하는 사람으로서 그들이 누구인지에 대한 답이 될 것이다. 이 책이 시간이 흐를수록 의미를 지니기를, 파리지엔을 바라보는 중요한 영상 인류학적인 요소가 되기를 바란다.

마리 루이즈 나이싱

차례

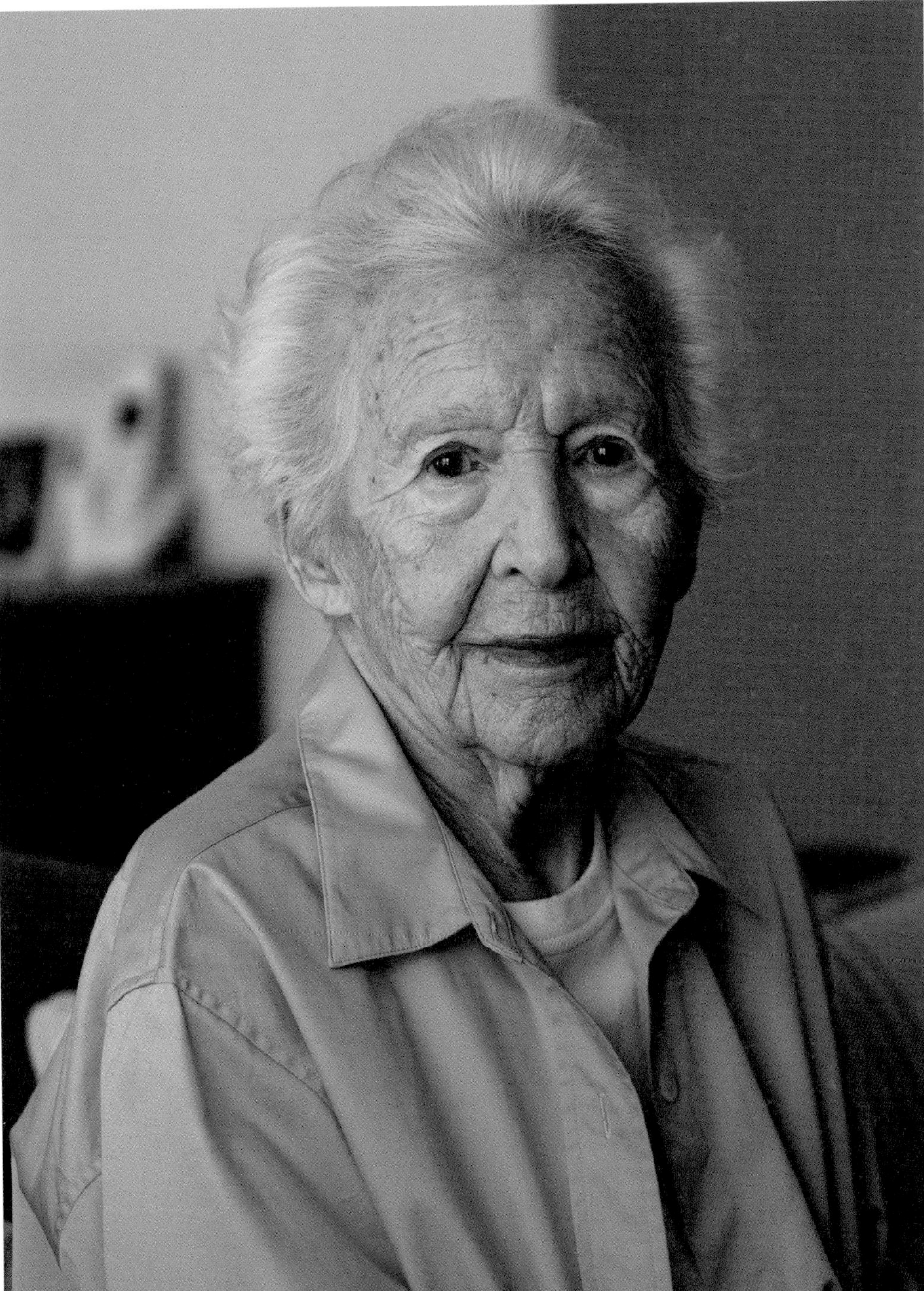

1921년 생
미셸

"내가 진짜 파리지엔이야. 이젠 기억하는 게 많지 않지만. 보다시피 늙었으니까."

미셸은 파리에서 보낸 거의 백 년에 가까운 시간을 조금씩 떠올린다. 그는 7구에서 태어났고 지금은 6구에 산다. 엄격하지만 멋진 분이었던 로렌 지역 출신 아버지, 러시아에서 태어나 너무 일찍 돌아가신 어머니.

드골 장군의 연설, 영국으로 건너간 일을 잊을 수가 없다. 영국에서 그는 통역사로 일했다.

그는 자르댕 다클리마타시옹[1]과 뤽상부르 공원에서 돛단배를 타고 수영과 테니스를 하던 시절이 생각난다. 그는 법과 정치학을 공부하는 학생이었다. 어린 딸이 뱅센 동물원에

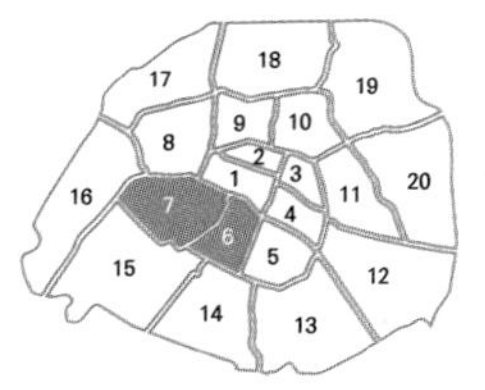

1) Jardin d'Acclimatation. 파리 소재 놀이공원.

서 코끼리에게 장갑을 빼앗겼던 일도 기억난다. 그는 백 년 동안 건강함을 잃지 않았고, 솔직한 태도도 여전히 그대로라고 말한다.

“내가 자란 동네는 특권층 사람들이 살던 지역이었지. 하지만 난 말이야, 부르주아처럼 행동하진 않았어.”

잊을 수 없는 드골 장군의 연설. 피레네산맥을 가로지르는 3일 낮, 3일 밤의 행군. 남편 장이 며칠을 보내야 했던 감옥. 포르투갈에서 영국행 배에 올라 런던에 터를 잡고 통역 일을 시작했던 것……. 전쟁이 끝나고 작은 화면의 TV가 처음 방영되어 열광했고, 엘리자베스 2세 대관식이 열린 1953년에도 그는 영국에 머물며 쭉 통역사로 일했다.

그는 TV 프로그래머로도 일했다. 베니힐쇼[2)]의 성공과 셰익스피어 시리즈 실패의 기억이 또렷하다.

그가 행복한 추억 중 하나로 꼽는 것은 친한 친구 알베르 카뮈와의 여행이다. 미국에서 돌아오는 배 안에서 카뮈는 쉬지 않고 파리지앵을 놀려 댔고, 그 역시 그것을 즐겼던 순간을 간직하고 있다. 행복한 기억으로 채워진 과거 곁에는 쓰디쓴 현재 또한 존재한다. 먼저 떠난 아들의 빈자리는 현재의 시간을 늦추고 있다. 그리고 기억은 망각을 닮은 침묵 속에서 희미해져 간다.

---

2) The Benny Hill Show. 영국의 코미디언 베니 힐이 진행한 TV 프로그램.

1922

1922년 생 앙드레

"파리에 올 때마다 나는 날개를 달았어요. 어떤 걱정 근심도 느낀 적이 없었답니다."

1950년대, 몽파르나스에 있는 카페 셀렉트에서 앙드레는 지식인과 예술가들을 매일 만났다.

문학과 철학을 공부한 그는 교수가 되려고 파리에 왔다. 룩셈부르크 출신의 젊은 앙드레. 그는 대학교 부근에서 난방이 안 되는 작은 방을 찾던 중 예술가들이 넘쳐 나는 이 도시와 사랑에 빠졌고, 인생이 바뀌었다.

앙드레는 매일 몽파르나스 카페에서 시간을 보냈다. 전쟁으로 피폐해진 유럽 여러 나라에서 건너온 예술가 그룹과 지식인들을 만나는 일은 큰 기쁨이었다. 사람 냄새 가득한, 주고받는 마음으로 인해 배고픔과 추위도 잊었다. 대로변에서 사진

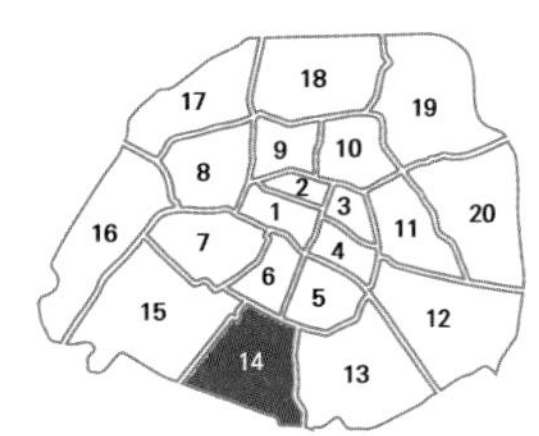

찍기에 여념이 없는 사진가들의 도시였던 파리. 그는 남편과 함께 때로는 미소 띤 얼굴로, 때로는 심각한 표정으로 그들의 피사체가 되는 것을 즐겼다.

수줍음 많은 앙드레는 시를 쓰고 남편 보리스는 그림을 그렸다. 창의력은 솟아났지만 돈은 늘 부족했다. 몇몇 잡지에 시를 발표한 그는 네 권의 시집을 펴내며 시인의 삶을 살았다.

"너무 쉽게 내뱉지 않기 위한 제동장치라고나 할까요. 그게 시가 태어난 이유가 아닐까 해요. 시는 쓸데없는 것을 말하지 않거든요."

빛나는 시대를 누렸던 이 구역에 지금은 혼자 남았지만, 그는 새로운 독자를 만난다는 행복한 기대를 안고 백 번째로 맞는 해에 자신의 지난 시편을 모은 책을 펴내려고 조심스럽게 준비하고 있다.

1922년 생

드니즈

19
22

"난 이 아파트를 떠난 적이 없어요."

드니즈는 샤이오Chaillot 언덕을 벗어난 적이 없다. 그는 그의 조상이 19세기에 건축한 건물에서 태어나, 황후 조세핀으로부터 오랫동안 영감을 받은 구역에서 자랐다. 개인 저택 정원에는 어느새 아파트가 들어섰고, 중산층 거주 지역이던 동네의 인구밀도도 높아졌다. 그의 할아버지는 왕정복고 시대[1]의 궁정화가였다. 드니즈는 1935년 트로카데로의 신비잔틴 양식 궁전을 허문 자리에 아르 데코 양식

파리에는 약 500개의 공공 건축물이 보존되어 있는데, 그중 박물관이나 대사관으로 용도가 변경되는 사례가 종종 있다.

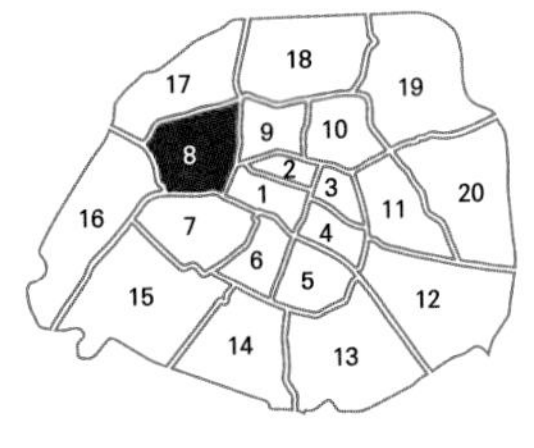

1) 1814년 나폴레옹 1세가 퇴위하고 루이 18세가 재집권한 시대.

의 샤이오 궁전이 들어서는 것을 보았다. 아버지는 포마드가 유행하던 시절에 스프레이를 발명했다. 형제들은 고등학교를 마치고 과학과 상업 공부를 시작했고, 자매들은 사설 학원으로 갔다. 전쟁이 터지자 끼니를 잇기 위해 배급표를 받으러 뛰어다녔다.

바칼로레아[2]를 준비하던 그는 가족 별장이 있는 노르망디로 떠나는데, 그곳에서 공부를 마친 후 파리로 돌아와 일하기 시작했다. 시대에 맞게 현대 여성으로 변모한 그는 엘리제궁과 가까운 금은세공업체 사업장에서 은그릇을 팔면서 열심히 살았다. 자매들과 마찬가지로 그 역시 독신이며, 차츰 세입자들로 채워져 가는, 가족과 함께 살던 이 평화로운 아파트를 그는 결코 떠난 적이 없다. 비밀스레 웃으며 연애에 대해서는 말을 아낀다. 하지만 신에게는 감사한다.

"레스토랑에 가고 싶다는 이유로 결혼할 필요는 없잖아요!"

---

2) baccalauréat. 프랑스의 대학 입학 자격시험.

1924년 생
주느비에브

"파리지엔으로 두 번의 인생을 살았어요.
제대로 즐긴 건 두 번째 삶이었죠."[1)]

주느비에브는 파리에서 두 번의 인생을 살았다. 첫 번째의 기억은 전쟁과 배급, 실패한 첫 결혼 등으로 채워져 여전히 그를 무겁게 짓누른다. 남편은 결혼 후 2년이 지났을 때 실수를 저질렀다고 고백했다. 다행히 그는 아버지와 함께 하던 일에서 기쁨을 얻었다. 플라스틱 캔이 막 보급되기 시작하던 무렵이었다. 그들은 수만 개를 팔아 치웠다!

라데팡스[1)]는 아무것도 없던 지역이었다. 1970년대에 들어서고부터 거대한 탑[2)]이 올라가더니 순식간에 새로운 동네가 만들어졌다.

---

1) La Défense. 파리 부도심. 첨단산업, 상업 및 주거 지역이 고층, 고밀도로 들어서 있는 지역이다.
2) 라데팡스의 상징이라 할 신개선문을 가리킨다.

심카[3]를 타고 샹젤리제 거리를 달리거나, 생루이 섬까지 방파제를 따라 걷기도 하고, 점심시간에는 둑길을 산책하던 시절.

주느비에브는 재혼했다. 라데팡스가 형태를 갖춰 가는 것도 관심을 가지고 지켜봤다.

"퓌토[4]에서는 우리 집 앞의 두 건물에서 공용징수[5]가 멈췄어요. 라데팡스는 저항하는 여인의 상像[6] 말고는 아무것도 없는 들판이었죠. 그러다 1958년에 현대적인 전시장이 생기더니 순식간에 높은 건물들이 여기저기 솟아오르는 거예요. 정말이지 경이로운 때였답니다."

쥐앙레팽[7]에서 보낸 힘겨웠던 시간들을 뒤로 하고 그는 이혼 후 딸이 사는 파리로 돌아왔다. 파리지엔으로 두 번째 삶을 사는 그는 지금 파리의 문화를 즐기는 데 여념이 없다.

"박물관을 구경하고, 국회의사당에도 가보고, 상원의회도 방문했어

---

3) Simca. 프랑스의 자동차 제조사.

4) Puteaux. 라데팡스 지역의 도시.

5) 국가나 자치단체에서 공공의 이익을 위해 개인 소유 재산을 법률로써 강제적으로 취득하는 일을 말한다.

6) 라데팡스 드 파리. 프로이센-프랑스 전쟁에서 여성들이 보여 준 영웅적 저항을 기념하기 위해 1879년에 세운 동상.

7) Juan-les-Pins. 프랑스 남부에 위치한 도시.

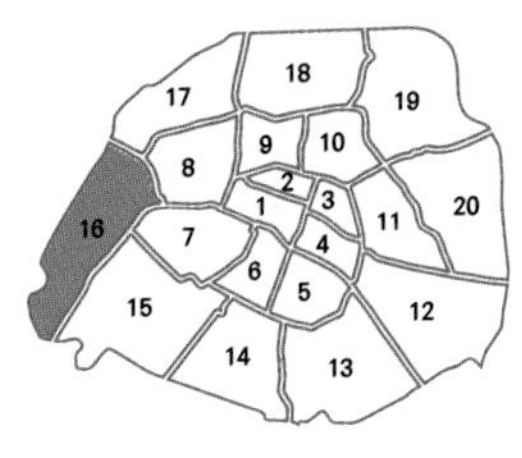

요. 연극이나 영화도 보고 강연도 들으러 가죠.”

그는 손녀의 도움으로 예전에 살았던 노장쉬르마른에서 퓌토까지 둘러보았다. 아흔여덟의 여인은 공사 현장이며 변화해 가는 파리의 모습을, 그리고 거리의 자전거를 여전히 지켜보고 있다.

1925년 생

루이즈

"열심히 일한 덕분에 20구에 부티크를 여는 데 성공했어요. 인테리어디자이너로 살았지요."

독일 점령기 때 모로코 출신 아버지와 어린 동생이 체포돼 추방되었고 루이즈는 일제 단속 중 탈출했다.

사진에서 오른쪽에 앉아 있는 루이즈는 뒤편에 서 있는 릴리안(1947년 생)의 엄마다. 왼쪽에서 활짝 웃고 있는 올랭피아(1977년 생)의 할머니이기도 하다. 증손녀 아폴린은 2014년에, 마린은 2017년에 태어났다.

전쟁이 끝나고 꽃다운 스무 살에 릴리안을 낳은 루이즈. 그는 부단한 노력 끝에 인테리어디자이너가 되었고, 인기 있는 지역인 20구에 자신의 부티크를 열 기회를 손에 넣었다. 상업적인 성공과 더불어 새로운 삶이 시작된 것이다.

초등학교 때부터 알고 지낸 사이였던 남

13

편을 코로나19로 떠나보내고 딸과 함께 살기 시작한 지금, 엄마를 생각하는 딸의 보살핌은 고맙지만, 그에게 더는 예전과 같은 삶의 의욕은 남아 있지 않다.

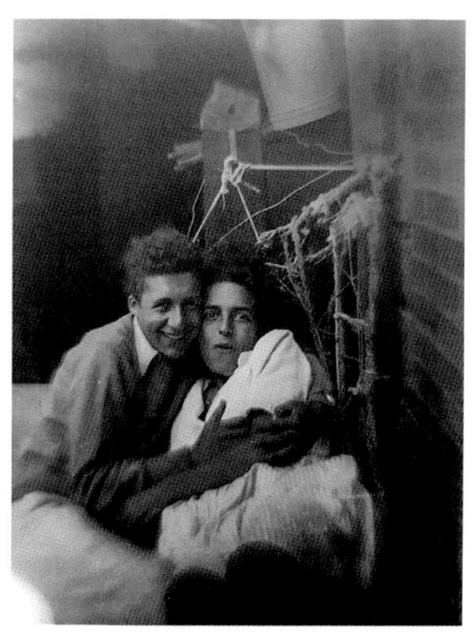
루이즈 코헨과 약혼자 조르주 피에. 커플은 1944년 6월 말에서 8월 말 사이 가족 몇몇이 체포돼 아우슈비츠로 보내진 이후 부아콜롱브의 집에 숨어 지냈다. 조르주가 직접 만든 해먹 위에 두 연인이 행복하게 누워 있다.

20구의 작은 아파트에서 자란 릴리안은 부모님에게서 홀로코스트에 대해 들은 게 거의 없다. 부부는 자신들이 겪은 끔찍한 이야기를 자녀에게 전하고 싶지 않았던 것이다. 릴리안은 독립해 학구적이며 활기찬 상업 지구인 6구에 정착한다. 그리고 심리학 공부를 이어 갔다. 그는 무프타르Mouffetard 거리에 자리한 양지바른 아파트에서 가족의 든든한 버팀목으로 살아가고 있다.

1927년 생 자클린

"아버지도 이 집에서 태어나셨어요.
난 내가 태어난 이곳에 대한 애정이 상당하답니다.
아버지를 정말 좋아했거든요."

1940년 자클린은 이웃들 대부분이 그랬던 것처럼 피난을 떠나야 했다. 그랑빌[1]에서 전쟁이 끝날 때까지 머물렀다.

한 듯 안 한 듯, 그의 은근한 눈 화장이 먼저 눈에 들어온다. 최소한의 화장, 터번을 두르고 '모조품' 귀걸이를 한 그의 시선 속에서 과거가 다시금 빛을 발한다. 그는 칸 영화제에서 유명한 배우들을 스타일링 하는 일을 업으로 35년간 영화와 관련된 인생을 살았다. 사진 속 그의 얼굴은 놀랄 만큼 젊고 빛난다. 오늘 촬영의 주인공인 95세의 자클린이다.

1) Granville. 파리 북부에 위치한 도시.

그는 사진작가의 연출을 주의 깊게 지켜보며 작가에게 조언하기도 하고, 웃으며 의자에 걸터앉아 질문을 쏟아 낸다. 미소를 머금은 얼굴로 묻고, 넋을 잃고 바라보고, 반려견 릴라를 쓰다듬거나 한다.

"파리에 산다는 것? 잘 들어 봐요. 내 아버지도 이 집에서 태어나셨어요. 난 내가 태어난 이곳에 대한 애정이 상당하답니다. 아버지를 정말 좋아했거든요."

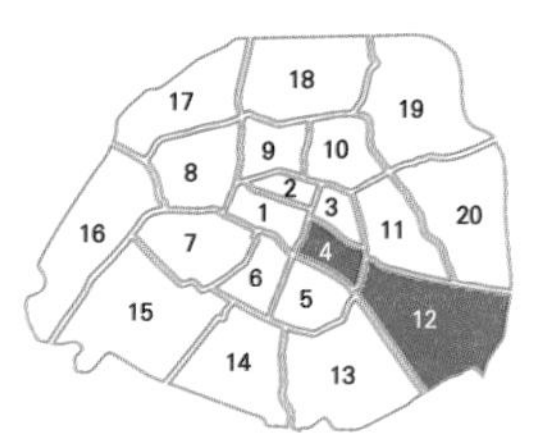

아파트를 주택연금으로 전환하면서 4구에 머물 수 있었다. 전쟁 중의 피난 생활이든 실패한 결혼생활이든 어느 것도 그의 낙천적인 성격에 흠집을 내지 못했다. "처음엔 정말 잘못된 사랑에 빠졌답니다." 자클린은 인생을 사랑과 연인들로 채웠고, 연인에게 그러했듯 반려견에게도 언제나 애정을 쏟는다.

"이렇게 예쁘고 사랑스럽다니. 정말이지 여신女神 같구나."

강아지의 낑낑대는 소리와 그에 응하는 목소리. 마치 마르셀 카르네의 영화[2] 속에 있는 듯하다.

---

2) 카르네 감독의 대표작, 〈안개 낀 부두Le quai des brumes〉(1938)를 가리킨다.

1928년 생 미셸

“평생 손에 연필이 들려 있었죠.
쉬지 않고 그렸답니다.
그게 내 기쁨이었으니까요.”

미셸은 특권층이 사는 8구에서 태어났다. 보수적인 교육관을 지닌 동네였다. “미술학교 진학을 꿈꿨지만 불가능했어요. 배우가 되겠다는 희망도 받아들여지지 않았지요. 정해진 틀 안으로 들어가야 했어요.” 하지만 그는 담대한 성격을 지니고 있었다.

1944년, 열다섯 살 소녀는 아파트 발코니에 나가 해방되는 파리의 모습을 그림으로 남겼다. 주위는 온통 종소리와 사람들의 환호 소리로 가득했다.

“난 혼자서 그림을 그렸어요. 사람들이 만류했지만 쉬지 않고 그렸답니다. 그게 내 기쁨이었으니까요.”

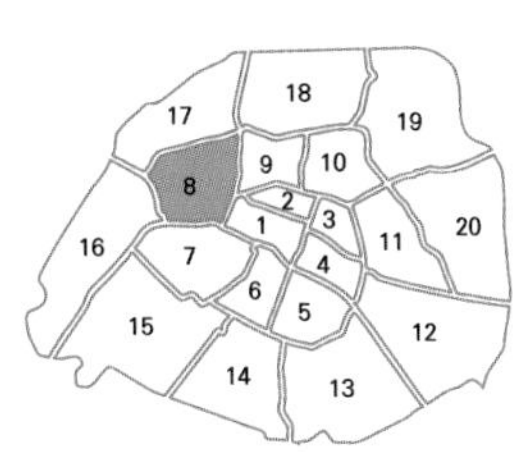

28 Aout
Samedi. defile de Gaulle.

열다섯 살이던 1944년 파리가 해방되었다. 미셸은 아파트 발코니에서 그 장면을 그림으로 그렸다. 엄마가 치마를 잡아당겼다.

"바리케이드와 종소리, 르클레르 장군이 시청을 수복했다! 이 발코니에서 저 발코니로 외치는 사람들의 목소리……. 사람들은 라마르세예즈[1]를 부르기 시작했고 거리에서 미군들을 끌어안았어요."

미셸의 결혼은 이른—안 그랬으면 결혼도 힘들었을 것이다— 편이었다. 그림에 대한 그의 열정을 이해해 주는 건축가를 만났다.

우연히 광고를 보고 디자인 분야에 발을 들여놓는다. 모범적이고

---

1) La Marseillaise. 프랑스 국가.

얌전한 아이들 대상의 잡지, 《라 스멘느 드 수제트》에서 일하게 된 것이다. 이후 독립해 그림책 제작으로 노선을 변경한다. 색을 혼합하고, 그림을 그리고, 콜라주로 붙이고, 그가 직접 선택한 주제로 작업을 진행한다. 아동도서 작가이자 삽화가가 된 것이다. 우화 속에서 진지한 주제를 뽑아내, 독자들에게 생각할 거리를 던져 주는 방식으로 세상을 설명한다. 정의롭지 못한 사회에 대항하고, 인종차별, 소외, 연명치료와 같은 사회 이슈들과도 싸운다. 그는 이 사회가 발전하고 진보하기 위해서는, 때로는 '다소 신경질적'이 될 필요가 있다고 웃음 띤 얼굴로 말한다.

나이가 더 들어서는 연극을 시작했고, 시도 쓰고, 인형극도 한다. 전보다 더 큰 기쁨을 맛보는 중이다.

"두려운 것은 의욕을 잃어버리는 거예요. 난 죽음은 두렵지 않아요. 그건 편안한 휴식을 의미하니까요. 내가 원할 때 죽을 수 있기를 바란답니다."

1929년 생 베아트리스

"여자는 직업을 갖기보다는
남편감을 찾고 아이를 낳아야 한다고
교묘하게 주입 당해 왔지요."

중국에서 태어난 베아트리스는 세 살 이래 파리에 살고 있는 진정한 파리지엔이다.

> 1968년[1] 이후 모든 게 바뀌었다. 중산층의 견고함이 무너지고 나이든 어른의 권위와 그들에 대한 존경심이 흔들렸다.

귀족적인 우아함, 영광의 30년[2]이 불러일으키는 향수. 비상식적인 일들이 펼쳐지던 전쟁을 떠올린다.

그는 조랑말이 끄는 자동차를 운전했다. 전쟁 통에 파리지엔의 자

---

1) 68운동이 일어난 해. 1968년 5월, 정부의 실정과 사회 모순에 저항하는 시위에서 시작되었다. 처음에는 파리의 몇몇 대학교와 고등학교에서 시작된 것이 프랑스 사회 전체를 바꿔 놓는 수준으로 확산되었다.

2) 2차 세계대전이 끝나고 1945년에서 1973년까지 고도성장이 이루어진 기간.

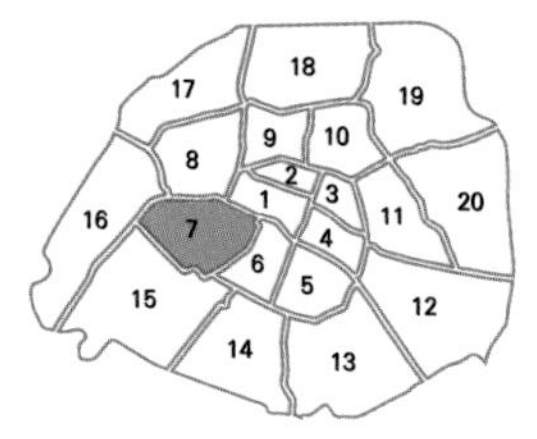

존심을 던져 버리고 커튼을 잘라 치마를 만들어 입었다. 7구에서 피아노를 배웠고, 고등학교를 졸업했다. 여전히 뜨개 양말을 신던 그는 파리가 해방되고 들어온 껌과 실크 스타킹에 열광했다. 그리고 스물한 살에 결혼해 카르티에라탱Quartier Latin에서 오랜 기간 주부로 살았다. 그는 행복했던 순간들, 축제며 친구와 떠난 여행에 대한 기억을 여전히 간직하고 있다. 1968년 이래 모든 것이 변했다. 보다 민주적인 방식이 대세가 되고, 중산층의 견고함이 무너졌으며, 어른의 권위와 어른에 대한 존경심이 흔들렸다.

베아트리스는 사람들이 더 이상 옷을 제대로 갖춰 입지 않는 것이 유감이다. 레스토랑에서, 또는 산책길에서 해변에서나 걸칠 법한 브래지어에 가까운 옷차림을 보면 깜짝 놀라기도 한다. 너무 비판적이 되는 것을 경계하면서도 피임약 사용과 이혼과 같은 도덕의 변화에 대해 분석해 본다.

그는 자라면서 여자는 직업을 갖기보다 남편감을 찾고 아이를 낳아야 한다고 교육받았다. 하지만 누구든 스무 살에는 자신이 무엇을 좋아하는지 제대로 알지 못한다. 40대가 돼서야 그는 일하기로 결심했는데, 엄마는 질색했음에도 자신은 이때의 경험이 아주 자랑스럽다고.

지금 이 나이에 정말로 힘든 것은 외로움이라고 그는 고백한다. 친구들은 모두 저세상으로 갔는데, 혼자만 남아 있다는 생각에 마치 무덤 속에서 사는 기분이란다.

하지만 베아트리스는 불평하기보다, 우아함을 가꾸고, 내면을 채우며, 역사와 지리에 관한 책을 부단히 읽는 쪽을 택한다.

Java

1933년 생
사빈

1933

**"남편을 많이 사랑했어요. 그와 예쁜 아이도 가졌고.
하지만 남편은 나를 숨 막히게 하기도 했지요."**

그는 1933년에 포부르 생토노레에서 여섯 아이 중 막내로 태어났다. 부모는 연구원이었는데, 어머니는 1917년에 의학을 공부했다. 그 시절엔 매우 드문 일이었다. 젊어서 아버지를 여읜 어머니는 아버지 연구실을 대신 운영했다. 사빈의 오빠는 파리가 해방될 때 전쟁 영웅이 되어 돌아왔다.

사빈은 벌써 90세가 되어 간다는 사실에 종종 놀란다.
"인생을 열정적으로 사랑한 거지요!"
모험 정신과 유머, 그리고 좋은 펜이 있을 때 세월은 너무도 빠르게 흘러간다.

"1944년 6월 24일 해방되던 날이었지. 우리는 포부르 생토노레에 살고 있었는데, 독일군 점령 지역이었어요. 그날 전화가 온 거야. 르클레르 장군 휘하 부관인 큰오빠가 건 거였죠. 저녁에 우리더러 에투알 광장에서 만나자는 거예요. 어머니가 여긴 독일군이 가득해, 라고

Juin 2022
Juillet 2022
archibald
AU PAYS DES PINGOUINS
magnard

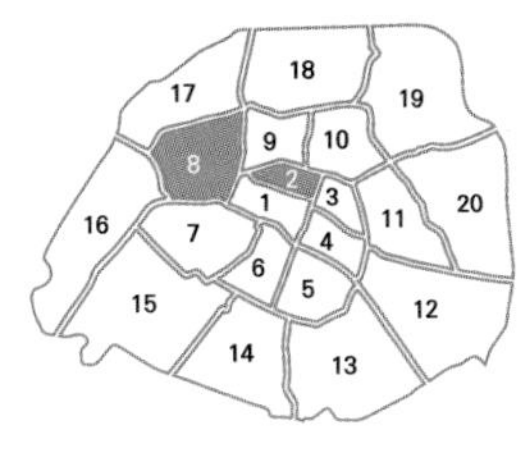

하자 오빠가 답했어요. 걱정하지 마세요. 어머니. 우리가 그들을 사냥하러 가요. 정말로 그날 저녁 에투알 광장 근처 건물에서 행복한 얼굴로 기진맥진해 있는 오빠를 발견했지 뭐예요."

그는 기업 저널리스트로 사회생활을 시작했다. 다른 사람의 글을 보기 좋게 연출하는 방법과 기술 관련 정보를 부담 없는 읽을거리로, 재미있고 흥미롭게 만드는 법을 익혔다. 큰 규모의 회사에서 일한 뒤 교훈과 풍자를 담은 만화책 시나리오를 쓰는 일로 방향을 틀었다. 사빈은 어릴 때부터 고전극 독자였고, 특히 고전극의 독백을 좋아한다. 12음절 시구 같은 대사 속에 인간의 삶과 사랑이 담겨 있기 때문이다. 그래서인지 만화책 대사를 다섯 운율로 만들기를 좋아한다.

그의 친구는 모든 연령대에 걸쳐 있다. 젊은 독자들 덕에 나이 먹는 것을 잊는다. 남편과는 이혼했지만 여전히 일은 함께 하고 있다. 선택에 후회는 없다. 자녀와 손주 들을 보며 내가 아이들을 잘 길러 냈구나, 하고 생각한다. 사빈은 미래에 대한 확신이 있다.

"바보 같은 짓을 많이 했어요. 하지만 그게 내가 살아 있다는 증거기도 하지요."

1933년 생
파니

"난 꿈을 이뤘답니다.
내가 좋아하는 일을 선택했고, 열정을 가지고 일했지요."

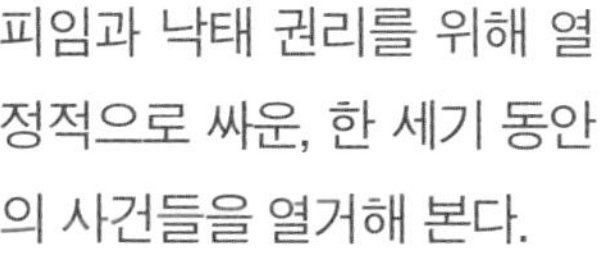
피임과 낙태 권리를 위해 열정적으로 싸운, 한 세기 동안의 사건들을 열거해 본다.

아프리카에서처럼 파리에서도 그는 산부인과와 성의학 전문의로 일하면서 여성들이 자기 인생의 주체로서 현명한 결정을 할 수 있도록 돕는 일을 해왔다. 산부인과 의사로서 여성이 원치 않은 임신으로부터 자유로워질 수 있도록 피임을 통해 공격적으로 여성의 권리를 지키는 데 힘썼고, 성의학 전문의로서는 성적인 만족을 위해 여성의 능력치를 끌어올리도록 도왔다. 피임과 낙태 권리를 위해 열정적으로 싸운, 한 세기 동안의 사건들을 열거해 본다.

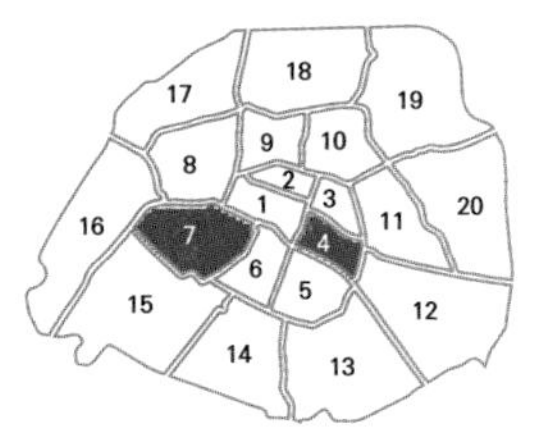

파니는 상담을 통해, 또 프랑스 전역에 알려진 강한 어조의 책을 통해서도 여성을 대변해 왔다. 그는 고위 행정기관의 주요 인사로서 메리트 훈장[1]과 레종도뇌르 훈장[2]을 수훈했다.

휴머니즘과 몸에 배어 있는 이타주의는 개인사에서 비롯된다. 부모는 프랑스를 사랑하는 사람들이었으며, 파리에서 그를 낳았다. 극심한 천식 발작으로 고통을 겪는 아버지, 유산을 반복하는 어머니를 보며, 그는 상황에 대해 도전하는 마음으로 의사가 되기로 결심한다. 강한 의지와 열정으로 그는 꿈을 이룬다. 인생에서 힘이 되어 준 남편과의 행복한 결혼 생활, 두 자녀를 키우면서 '탁월한 도시' 파리에서 10년간 공부한 결과였다.

그는 평등을 향한 싸움에 참여한 것을 자랑스럽게 여긴다. 더불어 지금 젊은 사람들이 과거로 돌아갈 일은 결코 없으리라 확신한다.

"파리지엔이 되기 위해서는 쟁취해야 해요."

---

1) 1963년 샤를 드골 대통령이 만든 명예 훈장.
2) 1802년 나폴레옹 1세가 제정한 명예 훈장.

1934년 생 자닌

"페미니스트가 되는 건 가치 있는 일이죠.
어떤 권리도 누리지 못하는 여성이 많기 때문이에요.
여성이 직업적인 지위를 획득하도록 모든 분야에서 돕고자 합니다."

고등학교 졸업반 시절 자닌은 실연의 슬픔을 겪으며 인생이 끝났다고 느꼈다. 그리고 바칼로레아에 실패한다. 15구에서 태어난 그의 이야기는 아주 느리고 지난한 해방에 대한 이야기다.

1968년 5월 그는 막내를 임신 중이었다. 시위대가 양옆에서 그가 탄 자동차를 흔들었다. 휘몰아치는 폭력의 바람과 맞선 자신이 얼마나 나약한 존재인지 느낀 순간이었다.

비서가 되기 위한 공부를 마치고, 의사의 아내로 또 아이들의 엄마로 살아가기 전 그는 일을 했다. 하지만 만족스럽지 못한 시절이었다. 다시 바칼로레아를 준비하기로 한다. 시험에 떨어지고 20년 만에 결심한 것이다. 아무도 모르게, 누구의 지원도 없이, 아이를 돌보고 집안

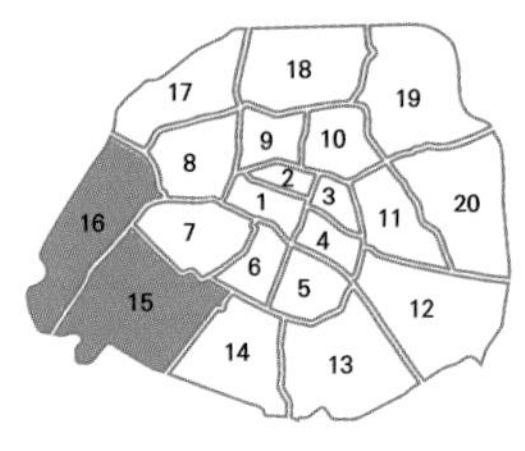

일을 하며 수학과 논술, 철학을 공부하기 시작했다.

그는 나쁘지 않은 성적으로 통과했고, 생활에 어려움을 겪는 여성을 돕는 정부 프로그램 덕분에 2년 동안 회계학 심화 과정을 들을 수 있었다. 이후 몇 군데 면접을 통과하지만, 사장들로부터 커피 시중을 들기에는 너무 많은 나이라는 말을 듣는다. 자닌은 주저 없이 대학에 등록한다. 10대 자녀들을 돌보는 동시에 경영학 전공으로 5년간 적을 두었다. 그리고 다시 노동시장으로 돌아왔으나 경력 없는 마흔다섯 살 여자일 뿐이었다. 그는 공인회계사 사무실, 보험회사, 인쇄소에서 일하면서 수고를 아끼지 않았고, 도전했으며, 때로는 실패도 했다. 어떤 곳에서는 재능을 발견하기도 했다.

뼛속부터 페미니스트인 자닌은 타인의 삶에도 관여한다. 35년간 비정부기구 소롭티미스트[1)]에서 활동하며 여성 관련 운동에 힘을 보탰다.

"나는 페미니스트예요. 너무 많은 여성들이 제 권리를 찾지 못하고 있는 상황을 봅니다. 우린 모든 분야를 다루는데, 나는 특히 여성들이 구직에 적합한 수준을 갖추도록 하는 직업 교육을 돕고 있어요."

여성 모두에게 자닌은 최고의 롤 모델이지 않을까.

---

1) Soroptimist. UN 산하 국제 여성봉사단체.

1936년 생

미슐린

"내 컴퓨터 안에는 거대한 가계도가 만들어지는 중이죠. 벌써 8만5천 명의 이름이 올라와 있답니다."

미슐린에게는 '파리 전역에 산재해 있는' 기억이 있다. 그는 4대째 파리에 거주하는 가족을 대표한다. 가족은 1880년도 이전에 폴란드와 러시아에서 이주해 왔는데, 그의 컴퓨터에 입력된 거대한 가계도에는 8만5천 개의 이름이 들어가 있다.

그는 파리에서도 다양한 변화와는 다소 거리가 멀다고 여겨지는 파시Passy 거리에서 1960년부터 살고 있다. 이 거리는 여전히 상업 지역으로 남아 있다.

미슐린은 4구 아르시브Archives 지역을 제 손바닥 보듯 안다. 어린 시절을 보낸 아렌느 드 뤼테스Arènes de Lutèce와 핵물리학 시설로 유명한 사클레Saclay 지역에도 훤하다.

그가 아주 어렸을 때 기억을 되살린다.

그는 어머니, 자매들과 파리를 떠나 코트 다쥐르[1]로 향하고 있었다. 격렬한 전투 끝에 아버지가 감옥에 갇히고 말았다.

엔지니어로 은퇴한 직후 그는 가계도를 구성하려는 유대인 가족을 돕는 협회를 설립한다.

인터넷 사이트를 만들고 이야기와 정보를 공유하는 계간지를 발행해 기사 편집에 열을 올리는 미셸린. 잡지를 편집하는 일은 최근 남편을 떠나보낸 슬픔을 잊는 데 도움이 된다.

“남편을 혼자 내버려둔 것 같다는 생각을 하게 돼요.”

60년 동안 이어진 그들의 사랑은 사클레에서 살던 시절 시작되었다. 1960년대 유럽 각국이 모여 원자력 공동체를 만들고 핵물리학 연구에 힘쓰던 무렵, 부부는 그 핵심 구역에 있었던 것이다. 물리학 분야에 여성이 드물었던 시대, 미슐린에게는 그때가 황금기였다.

---

1) Côte d’Azur. 프랑스 남동부 지중해와 면한 해안 지역 일대를 말한다.

1936년 생
모니크

1937년 생
시몬

1936 1937

**"우리는 오페어[1]를 하러 런던으로 떠났어요.
당시에는 오페어가 유행이었죠.
밤이 되면 클럽에서 춤을 추고 자유를 만끽했어요."**

훗날 모니크는 생제르맹데프레에 있는 가족 호텔의 경영을 다시 맡게 된다.

모니크(사진 왼쪽)는 시몬(사진 오른쪽)의 가장 친한 친구다. 둘은 학창 시절 친구로, 카페 드 플로르와 되마고에서 얼마 멀지 않은 학교에 다녔다. 생제르맹데프레 지역이 전성기를 구가할 때 같은 중학교 학생이었다. 두 사람은 이후 오페어가 되려고 런던으로 떠났다. 오페어가 유행하던 시절이었다. 런던의 클럽 프랑세에 들러 춤을 추고 자유를 만끽했다.

---

1) au pair. 외국 가정에 거주하며 해당 국가의 언어를 배우는 동시에 아이 돌보기 집안일 등을 하고 약간의 보수를 받는 사람을 말한다. 대개 젊은 여성이 선호하는 일자리였다.

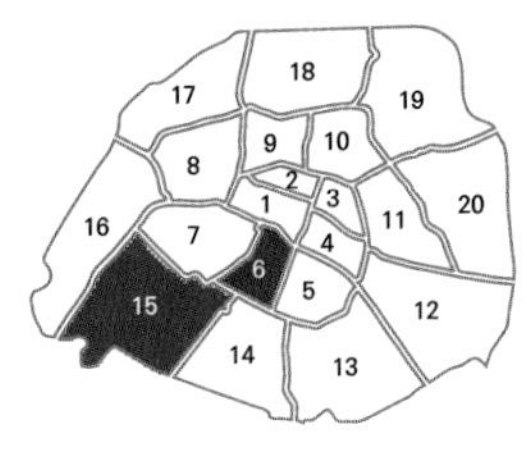

어느 날 거리에서 길을 잃어버린 모니크가 수줍게 경찰에게 다가가 길을 묻는다. 그리고 몇 년 후 그는 그 경찰과 결혼해 런던에서 10년을 살게 된다. 그로서는 생각지도 못한 일이었다.

시몬은 결혼이 다소 늦었다. 양가 부모님이 선뜻 허락하지 않았기 때문이다. 시몬은 6구에 있는 출판사에 근무하다, 후에 남편과 함께 16구에 보안회사를 세운다. 모니크 남편이 인터폴 근무로 파리로 전출되면서 둘의 우정은 한층 더 꽃피어 난다. 2년이 흐르고, 파리에 정착하기로 결심한 이 프랑스-영국 커플은 6구에 있는 모니크 부모님이 운영하던 호텔을 인수한다. 이후 모니크의 딸이 호텔 경영권을 물려받는다. 한편 시몬과 그의 남편은 회사를 매각한다.

이제 그들은 은퇴했으며 나이가 들었지만 우정에는 변화가 없다. 오히려 더 자주 만나고 활동을 함께 한다. 모니크는 불행하게도 다이아몬드혼식[2] 직전에 코로나19로 남편을 잃었다. 시몬이 친구 부부의 기념일을 준비하고 있던 때였다.

두 친구는 매일 전화로 서로의 안부를 묻고, 그 날 그 날의 일들을 이야기한다. 최근 함께 다녀온 잊지 못할 센강 유람 여행에 대해 회상하며 다음번 여행을 고대한다.

---

2) 서양에서 결혼 60주년 또는 75주년을 기념하는 의식.

1939년 생

미레이유

"우크라이나 전쟁만 아니라면 난 지금 행복하다고 할 수 있겠어요. 여동생이 거기 살고 있거든요."

작은 아파트 벽에 걸려 있는 사진들을 보면 그가 풍성하고 활기 있는 삶을 살았음을 알게 된다. 부드러운 목소리로 미레이유는 아버지의 삶을 회상한다. 아버지는 에콜 드 파리[1)]에 속하는 유대인 작곡가였다.

전쟁이 끝나고 파리로 돌아왔을 때 가족에게는 아무것도 남아 있지 않아 모든 걸 다시 시작해야 했다.

1941년 16구의 집을 떠나, 긴 여행 끝에 도착한 니스를 떠올린다. 항구에는 미국행 배가 기다리고 있었다. 아버지는 할리우드에서 '리틀 바이마르'라는 별명으로 불리며 20세기의 가장 위대한 음악가로 활동한다. 그리고 1946년 다시 파리로 돌아왔고 모든 것을 다시 시작해야

1) École de Paris. 1차 세계대전 이후 파리에서 활동한 예술가 그룹.

SONY

했다. 우선 그랜드피아노가 들어갈 만한 아파트를 구하고 순회공연을 시작했다.

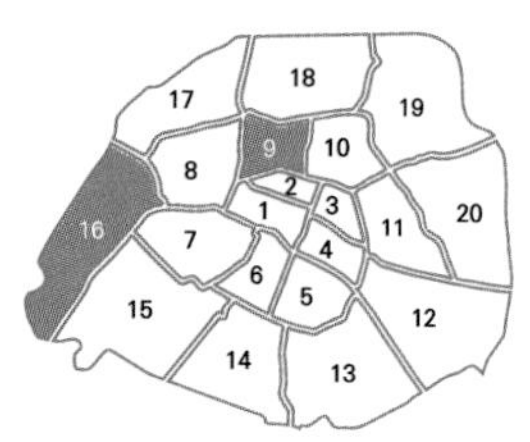

그가 들려준 이야기에 따르면 라벨, 스트라빈스키, 채플린 등은 가족이나 다름없었던 듯하다. 몇 년의 시간이 흘렀다. 미레이유는 이탈리아 생활을 정리하고 1968년 파리에 정착해 공부를 시작한다. 철학을 전공해 가족과 가깝게 지내던 장켈레비치[2]의 지도를 받는다. 문학 작품을 번역하고 피아노와 음악을 가르친다.

그는 이혼 후 아버지의 아파트로 되돌아왔다. 그에게는 피난처이자 외국에서 찾아온 아버지의 팬들에게는 박물관 같은 곳이다. 미레이유는 음악의 끈을 놓지 않고 매일 매일 앞으로 나아가면서 아버지의 유산이 현재에도 이어지고 있음을 알리려 한다. 더불어 시간이 날 때마다 자원봉사로 음악협회를 위해 책에 실을 기록물을 정리한다. 여동생이 살고 있는 우크라이나 전쟁만 아니라면 그는 정말로 삶이 행복하다고 말할 수 있을지도 모른다.

2) Jankélévitch. 프랑스의 철학자이자 음악학자.

1941년 생
아를레트

"불면증이 있다 보니 밤새도록 SNS로 사람들과 소통하며 시간을 보내요. 그래서 살 수 있는 것 같아요."

아를레트는 그가 태어난 나시옹Nation 근처 11구로 돌아왔다. 줄곧 일해 왔지만 가끔 소득을 신고하는 정도였다. 2008년 남편과 사별하고 혼자가 되자 슬픔과 고통이 고독 속에 가라앉는 것을 느꼈다. 연극과 영화를 봐도 여전히 불면증에 시달렸다. 그는 SNS로 소통하며 밤을 지새운다. "이렇게 사람들과 연결돼 있으니 살아 있는 기분이에요." 그는 아주 적은 퇴직연금으로 생활하고 있다.

1950년대 초 아를레트는 19구에 살았다. 예술가들이 광장에 모였고 사람들은 창문으로 동전을 던졌다.

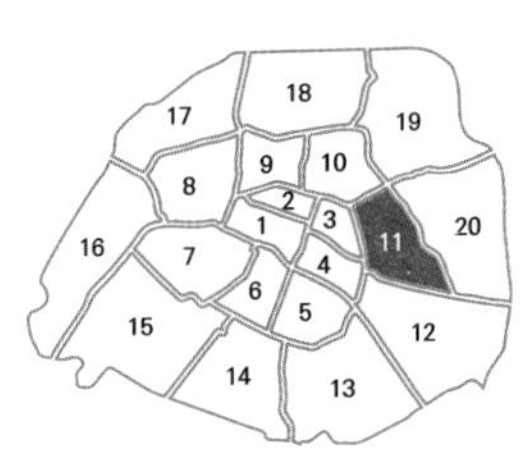

사진이 잘 받는 그는 70세에 엑스트라로 영화에 출연한다. 이어 사진 모델로 활동하

며 진짜 친구는 만들지 못했지만 나름의 사회생활을 하게 된다.

일이 탄력을 받기 시작하고, 그에게 제안이 들어온다. 자서전을 쓰고 그 이야기를 연극 무대에 올리자는 것. 장기 공연 기획이었다. 현재 그는 목소리를 크게 내지 않아도 되는, 제작비 또한 고려한 작은 공연장에서 다양한 역할을 즐기는 중이다. 그의 이야기가 또래 여성들에게 꿈을 이룰 수 있다는 희망을 주기를 바란다.

"남편이 살아 있었다면 아주 놀랐을 거예요. 감탄하며 함께 기뻐해 주었겠죠."

한 가지 아쉬움이 그의 가슴을 미어지게 한다.

"이젠 집에 돌아와 내가 꿈을 이루었다는 걸 말해 줄 사람이 없다는 거지요."

1942년 생 파울라

"어떤 자격증이나 내세울 만한 이력도 없었어요. 그래서 생각했지요. 다른 사람도 하는데 나도 잘 보고 따라 하면 할 수 있을 거라고."

파울라는 1942년 20구에서 태어났다. 부모님은 폴란드 출신 유대인이다. 공산주의자였던 아버지는 스페인 내전에서 부상을 입었고, 뒤이어 나치 강제 노동 수용소로 끌려갔다. 하지만 감사하게도 가족은 재회할 수 있었고, 파울라가 열네 살 때 파리로 돌아왔다. 그는 미용사로 일하기도 하고 비서로도 일했다.

한때 그는 사람들이 좀 더 열심히 일해야 한다고 믿는 쪽이었지만, 지금은 생각이 바뀌었다. 모든 것을 다 가질 수는 없는 법, 우리는 적절하게 일할 줄 알아야 한다고.

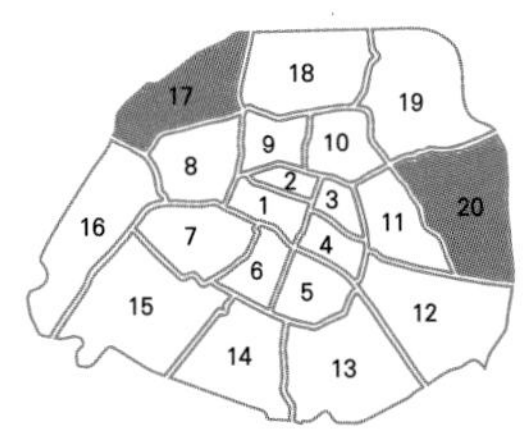

결혼은 열아홉 살에 했는데, 그것이 불행의 시작이었다. 남편의 분별없는 행동으로 말미암아 파리를 떠나 이스라엘로 가야 했

다. 그곳에서도 남편의 행동은 달라지지 않았다. 둘째 아들이 태어난 해 욤 키푸르 전쟁[1)]이 일어났다. 상황을 견디기 힘들었던 그는 돌아가고 싶었다. 파리는 언감생심이라, 결국 벨기에에 정착해 레스토랑을

1) 라마단 전쟁이라고도 한다. 1973년 발발한 4차 중동 전쟁으로, UN에서의 미-소 결의로 휴전으로 종식되나, 골란고원이 이스라엘 영토로 합병되는 결과를 낳았다.

열었다. 남편의 방탕한 생활은 여전했다. 계속되는 거짓말과 쌓여 가는 빚, 괴로운 날들이 이어졌다.

서른다섯 살에 이혼한 파울라는 아이들을 데리고 빈털터리가 되어 파리로 돌아온다. 아버지가 서둘러 보증금을 마련해 준 덕에 아파트와 가구를 장만할 수 있었다. 그는 소매를 걷어붙이고 다시 레스토랑 일을 시작한다. 변변한 자격증 하나, 내세울 이력도 없었지만, 다른 사람도 하는데 나도 바보가 아닌 이상 잘 보고 따라 하면 할 수 있지 않겠느냐고 생각했다. 엄마로서 시간은 부족했지만, 다행히 아이들은 알아서 잘 자라 주었다. 그는 아이들만큼은 결코 부족한 것이 없도록 해 주었다. 이후 남자들을 몇 명 만나기도 했는데, 한사코 결혼은 거절했다. 그는 아이들을 키우고 그들을 위해 희생하며 산 힘들고 거칠었던 삶에 단련되었으며 자부심을 느낀다. 현재는 17구에 자리한 임대 아파트에서 내다보이는 풍경을 즐기며 살고 있다.

1943년 생
미셸

**“부모님은 지방 출신이에요.
브르타뉴나 오베르뉴 사람들처럼
최초의 이주민이라고 말할 수 있지요.”**

벨빌Belleville, 쿠론Couronnes, 메닐몽탕Ménilmontant. 이 서민적인 세 개의 파리 지하철역은 미셸의 인생을 이야기할 때 빠질 수 없는 요소다. 그는 쿠론 지역에 살았고, 벨빌에서 학교를 다녔으며, 메닐몽탕의 성당에서 성찬식을 했다. 구역마다 발자국을 남긴 것이다. 거리에서 뒷마당에서 친구들 집이며 시장 축제에서, 놀 거리가 끊이지 않던 축복받은 시절이었다. 사진과 영화의 배경이자 그가 청소년기와 청춘을 보낸 파리는, 그에게는 연인들이 산책하기 좋은 곳이고, 영혼의 안식처 같은 곳이다.

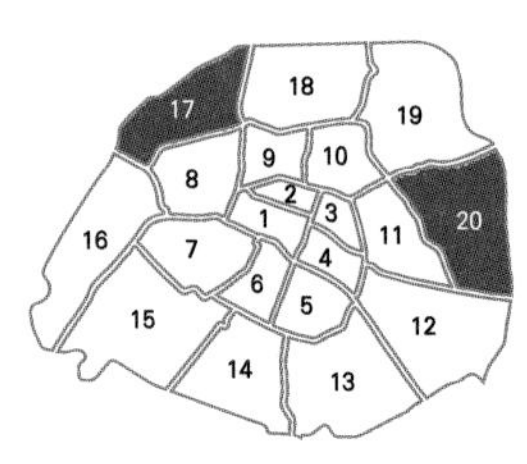

작은 식료품점을 운영하던 부모님은 부

지런한 분들이었다. 미셸은 가게의 계산대를 담당했다.

"부모님은 지방 출신이에요. 브르타뉴나 오베르뉴 사람들처럼 최초의 이주민이라고 말할 수 있지요."

그는 이 지역에서 행복한 어린 시절을 보냈다. 동네가 재개발되기 전이었고, 후에 부모님은 시市에서 마련해 준 새로운 곳으로 이사했다. 그 후로는 더는 옛 동네로 돌아가고픈 마음은 생기지 않았다.

대기업에서 비서로 일한 미셸은 카트리네트 축일祝日[1]도 다 함께 축하하던, 그 가족 같은 분위기를 회상한다. 그로서는 사회적인 신분 상승을 이룬 것이다. 현재 만족하며 살고 있는 이 아파트는 남편과 힘을 합친 결과물이다. 그 이래 50년간 그는 무탈한 생활을 해왔다. 탁자 위에 놓인 《샤를리 에브도》[2]가 눈길을 끈다.

"그 사건[3]이 벌어진 뒤부터 정기구독을 시작했어요."

---

1) 25세가 된 미혼 여성을 축하하는 날.

2) Charlie Hebdo. 주로 풍자적인 내용의 만화와 글을 싣는 주간지. 2015년 1월 7일 이슬람 테러리스트의 사무실 습격으로 직원 열두 명이 사망하는 비극을 겪었다.

3) 위의 주에서 설명한 사건을 말한다.

1944년 생 엘리에트

"난 결코 이 아래로 내려가지 않아요.
언제고 여기 언덕 위 우리 동네에서 살 거랍니다."

"겨울이면 석탄을 팔고 여름에는 들에서 일하는 삶이었어요. 목표는 대개 선술집이나, 카페를 여는 것이었지요."

엘리에트는 로제르[1]에서 상경한 그의 부모가 그랬듯 파리지앵이 된 오베르뉴 사람들의 꿈을 갈무리해 들려준다.

엄마를 백혈병으로 잃었을 때 고등학교 졸업반이었다. 그는 결혼하기보다는 카페

20세기 초 파리로 이농한 인구 중 가장 큰 비중을 차지한 그룹이 오베르뉴 사람으로, 아베롱Aveyron, 캉탈Cantal, 로제르, 로트Lot 아니면 퓌드돔Puy-de-Dôme 출신이었다.

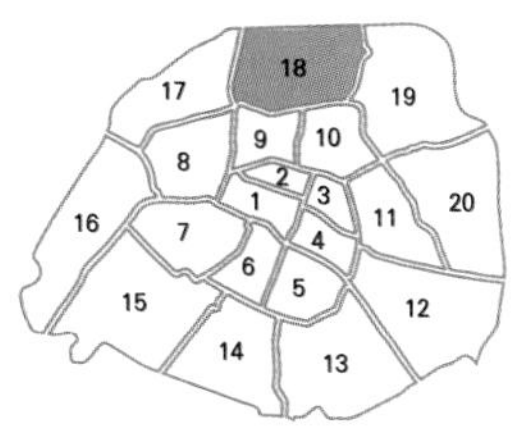

1) Lozère. 프랑스 중남부에 위치한 도道. 프랑스에서 인구 밀도가 가장 낮은 지역이다.

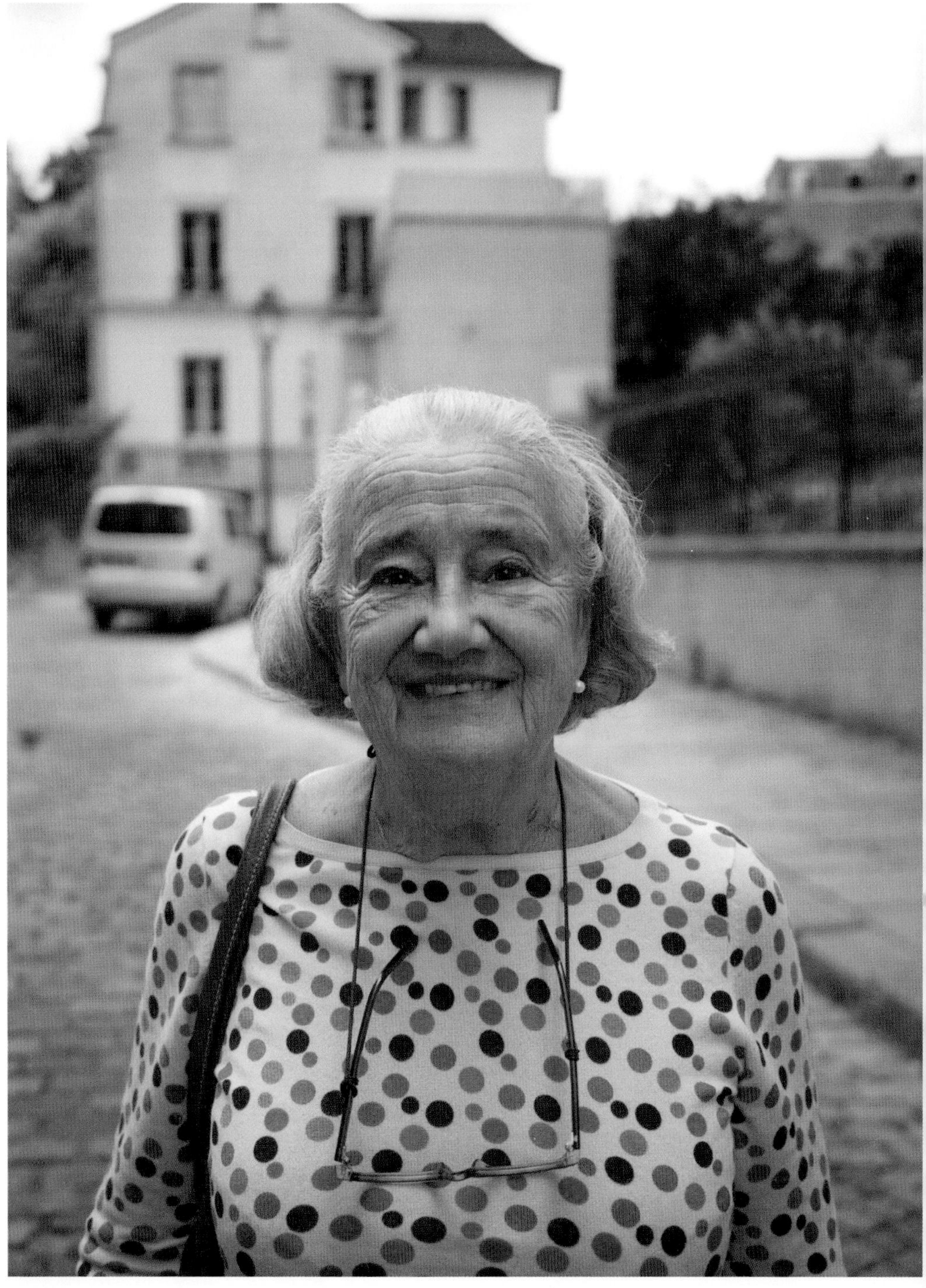

에서 아버지를 도와야 한다고 생각했다.

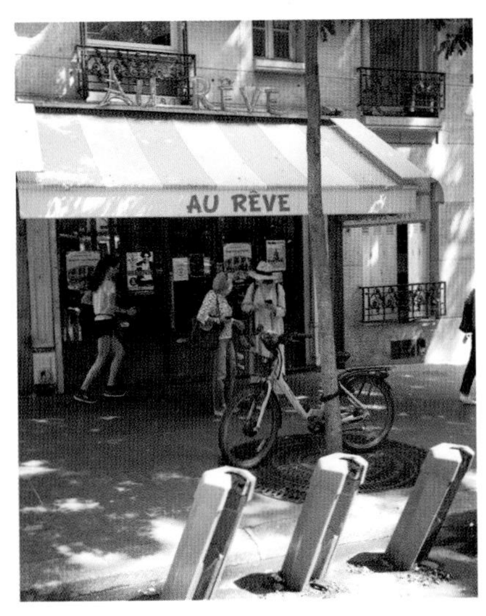

"얼마나 울었는지 몰라요. 정말 힘들었답니다. 그래도 결국엔 슬픔에서 빠져나왔고 아버지는 내게 일을 가르쳐 주셨지요."

그런 아버지마저 일찍 돌아가셨다. 아내를 잃은 슬픔과 술 때문이었다. 그가 갓 스물이 되던 해의 일이다.

엘리에트는 몽마르트에 자리한 진짜배기 파리 선술집, 크기는 작아도 정겨운 가족 같은 느낌이 있는, 편히 쉴 곳을 찾는 사람들이 들르는 곳을 50년간 운영해 왔다. "요즘 사람들은 주말마다 도시를 벗어날 생각뿐인 것 같아요. 현실로부터 달아나고 싶어 한달까." 그는 몽마르트르 언덕에 기쁨과 따스한 분위기를 심었다. 작가나 가수 들을 진심으로 대했고, 행복을 맛보았으며, 독립을 이루었다.

그는 손목시계를 싫어한다. 내 모든 일정을 통제하려 드는 사장님 같아서다. 대신 그의 손목에는 옥과 상아, 타히티 진주로 된 팔찌가 채워져 있다. 우정의 증표이자 남편과 떠난 여행의 기억이다.

1945년 생 클로딘

"난 파리를 떠나서는 살 수 없어요."

열네 살 클로딘은 중등교육 마치고 고향을 떠난다. 비에르종Vierzon에 있는 앙리 브리송 도예고등학교에 들어가기 위해서다. 여학생들이 장식미술을 공부할 수 있는 학교로, 분홍색 블라우스 착용이 의무였다.

빛의 도시에 영감을 받아 이 지역에서 대규모 개조 프로젝트가 진행된다. 주목할 만한 건축물들로 인해 '20세기의 유산'이라는 명성을 얻는다.

도자기는 파스텔컬러가 생명이다. 색이 지나치게 반짝거릴 때면 선생님은 "오늘은 혁명 기념일이 아니야!" 하고 외치기 일쑤였다. 하지만 클로딘은 파리를 꿈꿨다. 거기서 진정한 의미의 수공예를 배우고 싶었다.

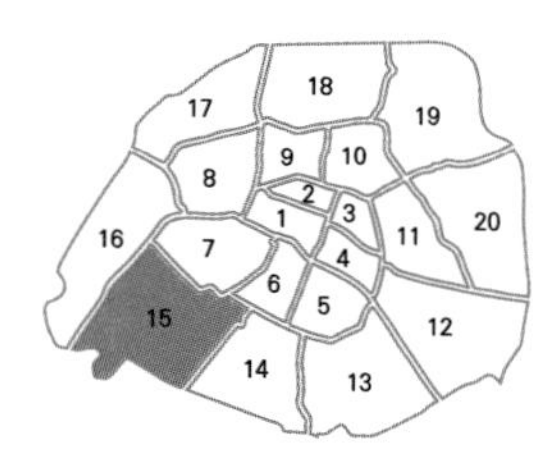

그는 주민 대부분이 노동자인 그르넬Grenelle에서 풋내기 시절을 보냈다. 에밀졸라

역驛에서 출발해 오데옹 역에서 지하철을 갈아타고 파리 북北 역에서 내려 포부르 생드니까지 걷는다. 출근 카드를 찍고 작업장으로 들어간다. 몰래몰래 그리고 차례로, 작업자들은 경치를 즐기려고 지붕에 올랐다. 온갖 금지 조항에 너무도 박한 급여, 현장 책임자는 다룰 수 없는 일이었다. 그는 크리스탈 장식 담당이었는데, 납 중독에 대한 우려 때문에 피검사는 그를 늘 불안하게 만들었다.

클로딘은 비서 업무로 전직한다. 인쇄니, 펄프니 하는 것들을 익혔다. 그러는 동안 그르넬 지역의 산업 형태가 바뀐다. 시트로엥과 코카콜라가 떠났고, 공장이며 숙소가 철거되었다. 첫 개발이 시작되자 공증인, 골동품상, 의사, 청소 노동자 등이 새로운 곳으로 옮겨 갔다.

그는 1973년 자유의 여신상이 보이는 르빌라주라는 빌딩으로 이사하는데, 얼마 안 가 프롱드센느 구역에 세워진 빌딩이 풍경을 가려 버렸다. 이 고층 아파트에서 그는 딸들에게 줄 드레스를 만든다. 나머지는 접시며 꽃병, 손수 만든 장식 접시 같은 잡동사니 컬렉션을 위한 공간이다. 도자기가 내는 맑은 소리에 법랑과 밀레피오리[1]가 쉬지 않고 춤을 춘다. 클로딘은 말한다.

"난 파리를 떠나서는 살 수 없어요."

---

1) millefiori. 갖가지 색의 유리 막대를 잘라 새롭게 짜 맞춘 뒤 이를 투명 유리와 합쳐 원하는 형태로 불어서 만드는 장식 유리.

1945년 생
엘리자베트

"나는 자유롭답니다. 내 의지대로 사랑하고, 웃고, 딸을 소중히 키워 냈어요. 혼자 사는 것이 최고지요. 진심으로 하는 말이에요."

파리지엔이 연극과 문학, 디자이너들이 만들어 낸 하나의 신화에 불과하다면, 엘리자베트는 이를 성공적으로 실현에 옮긴 셈이다.

엘리자베트에게서는 매력과 더불어 파리지엔 특유의 도도함이 살짝 느껴진다.

그는 중부 유럽 출신의 열렬한 반순응주의자였던 어머니, 프랑스와 시리아 혈통의 아버지 사이에서 자랐다. 그는 1945년 에투알 광장 부근에서 태어났다. 아버지는 런던에서 드골 장군이 이끌던 무리에 합류한 인물로, 파리가 수복될 무렵에는 천장이 순금으로 장식된 아파트에 살았다.

엘리자베트가 혁명 기념일 퍼레이드를 지켜본 곳도 그곳이다. 그가 열한 살 때 어머니가 집을 떠나자, 그 시절 다들 그랬듯 아버지와 남게

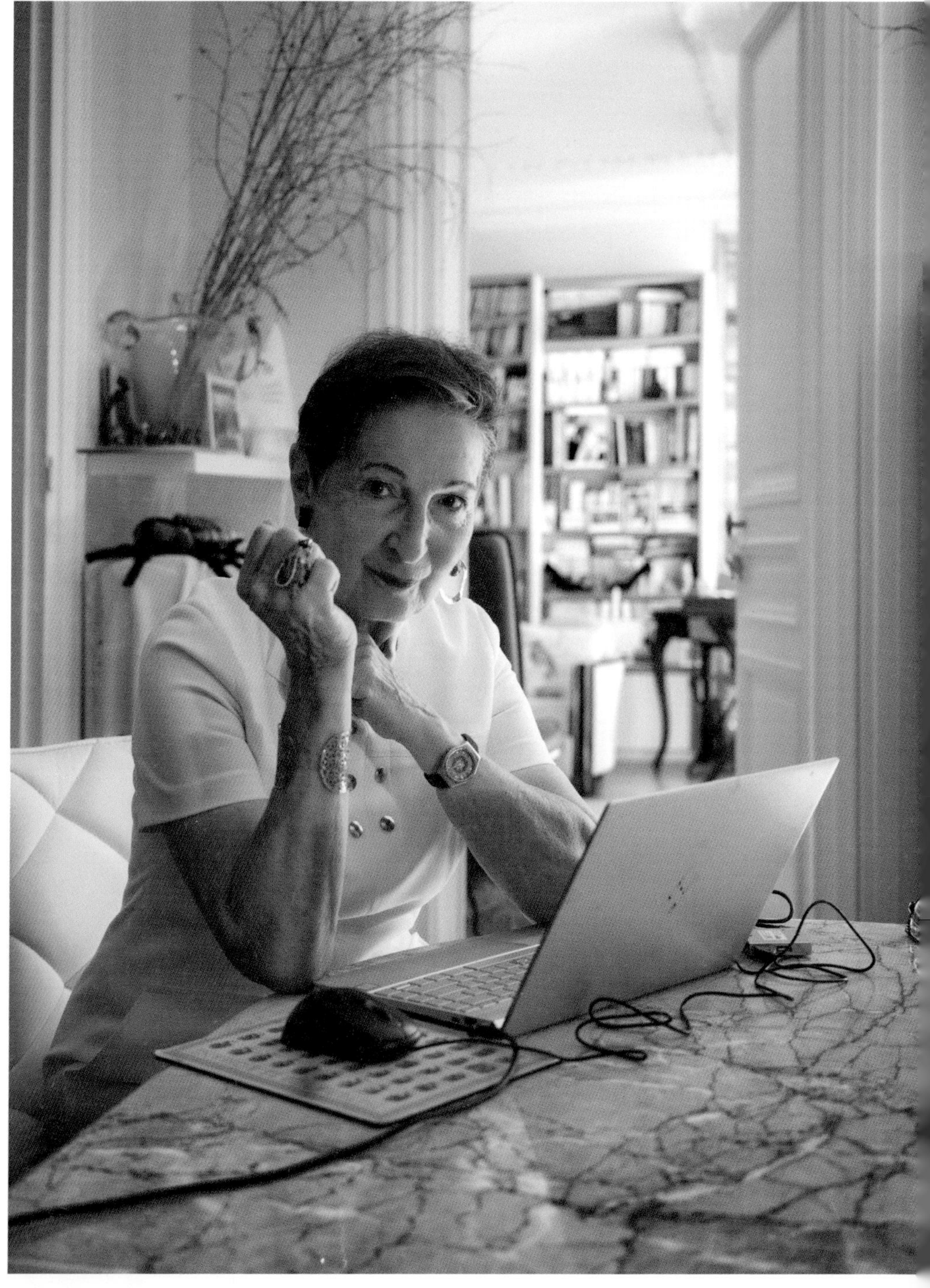

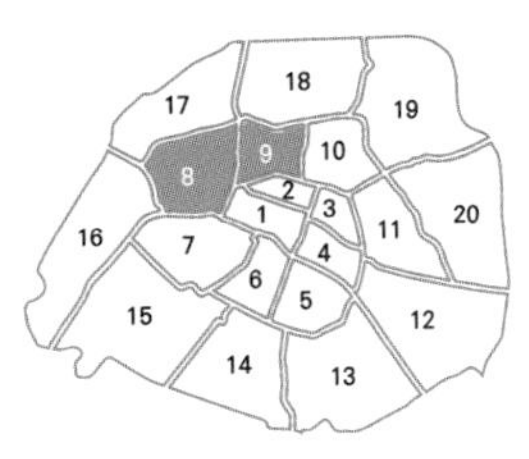

되었다. 금빛 잎사귀가 한 잎 한 잎 떨어졌고 소녀는 자유를 향해 나아갔다. 종교사 박사 학위를 받은 뒤 아버지로부터 독립해 신문기자가 되었고, 영화 연출가를 거쳐 유명한 TV 리포터가 되었다. 그가 던진 주제들은 불편한 것들—지나치게 오른쪽이거나 지나치게 왼쪽으로 치우친 이야기 같은—이었다. 마담 클로드[1]나 소비에트연방공화국 정신병원 등, 사회가 악惡으로 간주하는 대상을 다룬 그의 책에서, 그는 이를 '권력을 향해 나아가는 연습, 영향력을 행사하기 위한 장치'라 분석한다. 우아하며 느긋한 성격의 그는 네덜란드 왕자 앞에서 스웨터를 뒤집어 입고 있었을 정도다.

매력과 파리지엔 특유의 도도함을 겸비한 그는 역사를 재구성해 보기도 한다. 이혼을 합법화한 1884년의 나케 법法, 벨 에포크 시대의 화류계 여성, 광란의 20년대 말괄량이 들의 계승자에 대한 것이다.

과거 결혼을 준비하던 무렵 그는 이런 말을 들었다. "당신이 내 성을 따르는 날, 더는 식탁에서 그런 식으로 말 못 하게 될 줄 알아." 그리고 그는 생각을 고쳐먹었다. 그냥 이대로 자유롭게 사랑하고, 웃고, 딸을 소중히 키우면서 살기로. '혼자 사는 게 최고'라고 느끼며 살기로 한 것이다.

1) Madame Claude. 1960-70년대에 프랑스에서 고위 공직자나 상류층을 대상으로 한 매춘 네트워크를 운영한 인물.

1949년 생 아니

19
49

"영화 스타일리스트와 의상 담당자로 일할 때 루이 드 퓌네와 장 카르메에게 옷을 입혔던 일이 기억나네요."

아니는 우연히 파리에서 태어났다. 어머니가 그를 임신했을 때 아버지를 떠나 삼촌 집 근처에서 살고 있었기 때문이다. 부부는 관계를 회복해 다시 지방으로 돌아간다. 아니는 열여덟 살에 갤러리를 열기 위해 멕시코로 떠난 약혼자와 다시 만난다.

1980년대의 파리는 정말이지 유쾌한 곳이었다. 아무 문제없이 돌아다닐 수 있었다. 친구들과 별다른 이유 없이 레스토랑에 가던 시절이었다.

사랑은 가고 오는 것. 아니는 '디자인의 놀라운 세계 속에 내던져져' 거듭 사랑에 빠진다. 그들은 아를[1]에 매장을 열고, 밀라노에서 제품을

---

1) Arles. 프랑스 남부 프로방스 지방의 도시. 로마식 원형극장을 비롯해 풍부한 고대와 중세 유적을 자랑한다.

NEWTON

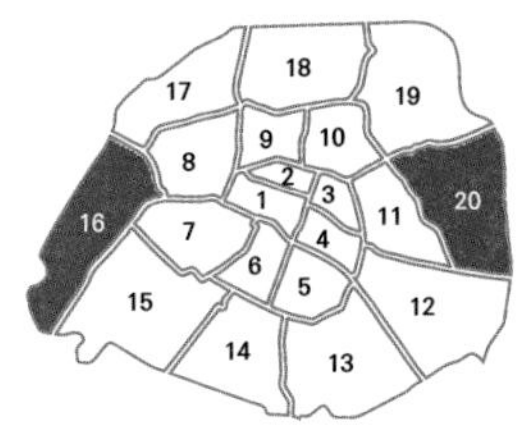

매입했다.

사랑은 가버렸으나 행운이 따랐다. 아니는 광고 스타일리스트와 친구가 돼 곧 그의 조수로 일한다. 그들은 무대 장식과 캐스팅, 영화와 사진 촬영에서 의상을 담당한다. 그로서는 모든 게 새로웠다. 끊임없이 움직이는 일이었다. 그는 멘토를 보조하며 장편 영화 촬영장에서 배우 의상 코디네이션 작업을 도왔다.

독학으로 스타일리스트가 된 그는 곧 자신의 팀을 만들어 새로운 방식으로 의상을 제작하기에 이른다. 고객 가운데는 배우 루이 드 퓌네[2]와 장 카르메[3]도 있다. 몇몇 감독들과의 변함없는 우정에 기반한 영화 작업 의뢰가 이어졌다. 동시에 여성지 패션 에디터 제안을 받고 시도해 보지만, 창조적인 면에서 한계가 있는 일이었다.

업무와 출장으로 정신없는 상황 속에서 그는 딸을 하나 낳았고, 영화를 향한 열정은 자연스레 딸에게로 옮겨 갔다. 그는 샹젤리제 선착장에 매어 둔 보트에서 아이를 길렀다. 30년간 흔들리는 갑판 위에서 에펠탑 전경을 누리고, 노트르담 성당 밑에서 식사를 하고, 주말이면 마른 강江[4]을 유람하는 등, 도시의 번잡함이나 소음이 없는 자유를, 충만한 파리를 만끽했다.

---

2) Louis de Funès. 프랑스의 유명 배우이자 코미디언.

3) Jean Carmet. 프랑스의 유명 배우이자 각본가.

4) La Marne. 센강의 동쪽 지류.

현재는 센강 변을 떠나 16구의 조용한 동네로 이사한 아니. 하지만 그의 눈을 반짝이게 하는 시나리오가 존재하는 한 그는 계속해서 일할 것이다.

1950년 생
도미니크

"14구에는 속물 같은 사람, 양아치 같은 사람은 없어요. 이곳 사람들은 서로 나누고 교류하는 걸 좋아하죠. 나는 삶을 바꾸자는 목적으로 이 지역에 만들어진 모임, '하이퍼 부아쟁'에서 활발하게 활동하고 있어요."

1835년 이래 파리에서 살고 있는 도미니크의 가족은 진주 유통업에 종사했다. 사라 베르나르[1]는 정기적으로 진주분粉을 제공받는 고객이었다. 아직 자궁 속에 있는 아기의 미래는 그때 이미 결정되었다. 가족 사업의 후계자가 된 것이다.

> 1968년 5월, 진주목걸이에 플리츠스커트라는 영락없는 부르주아 옷차림으로 그는 보안기동대의 눈을 피해 중요 서류를 전달하는 것으로 혁명에 참여했다.

여섯 살에 벌써 상품 포장을 할 수 있게 된 그는 열한 살에 첫 판매

1) Sarah Bernhardt. 19세기 말부터 20세기 초까지 활약한 프랑스 연극계의 스타.

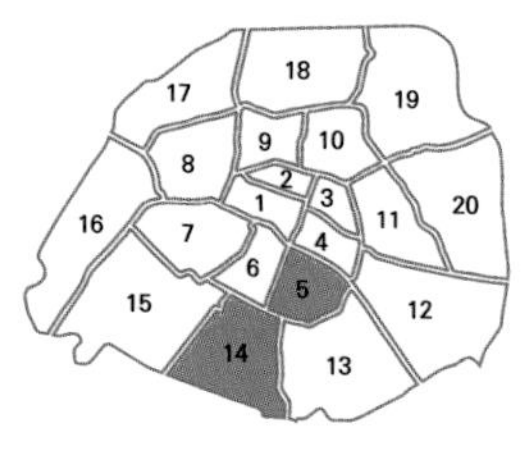

를 시작했다. 상점을 한 바퀴 둘러보듯 뤽상부르 공원 일대를 순회한 학창 시절이었다. 세비녜 초등학교, 에콜 뒤 페르 카스토, 에콜 알자시엔을 거쳐 파리1대학까지, 부근의 명문 학교에서 학업을 마쳤다.

그는 1968년 5월을 인생에서 가장 멋진 날들을 보낸 달로 기억한다. 에콜 알자시엔 고등학교에서 '공화국'은 최고의 가치를 지닌 개념이었다. 그는 투사가 되었다. 시위대는 학교 폐쇄를 요구하고자 그를 앞세운다. 진주목걸이에 플리츠스커트라는, 의심할 여지없는 부르주아 옷차림으로 그는 공화국 보안기동대의 눈을 속였고, 중요 서류를 운반할 수 있었다. 소르본에서 열린 집회에서는 토론 도중 말을 자르는 일도 서슴지 않는 등 혁명에 깊이 관여한다.

"정치적으로는 이룬 게 하나도 없지만, 문화적으로는 진정한 전복이었죠. 자유로웠고, 그룹 토론이 곳곳에서 벌어지던 멋진 시대였지요."

1968년이 지나자 모든 것이 질서정연해졌다. 도미니크는 마지못해 다시 보석 판매로 돌아온다.

시간이 날 때마다 인종차별주의에 대항해 싸운 그는 사회당원이 되었다. 1989년 그는 자신만의 혁명에 돌입한다. 상점 문을 세차게 닫아 버리고는, 형기를 마친 죄수마냥 후련한 기분으로 부모님과 거리를 두는 시간을 갖는다. 그리고 결연한 마음으로 인도주의적 가치관을 자랑하는 비정부기구 일자리를 하나 찾아낸다. 최저임금을 받아도 자유와 행복을 느낀다고.

현재 거주하는 14구에는 속물도 양아치도 없다고 강조한다. 이곳 주민들은 나누고 교류하는 것을 좋아한다. 그는 이 지역에서 삶을 바꾸자는 목표를 가진 모임, '하이퍼 부아쟁'에 들어가 활발히 활동 중이다.

삶에서 얻는 기쁨을 좇는 도미니크는 가족들이 남긴 멋진 기억과 더불어 가족과 화해했다. 빅토르 위고 장례식에 참석했다는 증조할머니, 할머니 로사가 들려준 드레퓌스 사건, 종조부 알베르 칸이 조성한 불로뉴 숲[2)]주말농장 같은 기억들이다.

2) Bois de Boulogne. 16구에 위치한 삼림공원.

1950년 생

마리 플로랑스

"파리가 여전히 내 마음속에 있는 도시라면,
일본은 내 영혼의 일부를 두고 온 곳이에요."

마리 플로랑스의 조부모는 카르티에라탱 한가운데서 의사이자 곤충학자, 약사로 살았다. 농학자인 아버지가 가족을 데리고 보스[1]로 이사한 이래 그는 대학들로 둘러싸인 이 동네를 오랫동안 그리워했다. 파리 사람들과는 반대로 그는 주말마다 조부모를 만나거나, 아니면 전시회를 보기 위해 오데옹에 들르고는 했다. 오빠로부터 68년 5월에 대해, 그의 7층 다락방에서 지켜본 '오데옹 극장 점거 사건'에 대해 들었다. 이듬해에는 마리 플로랑스가 파리로 돌아올 차례였다.

1968년 5월 15일 이래 오데옹 극장을 점거한 혁명 운동가들은 그곳에서 한 달간 숙식하며 머물렀다.

1) La Beauce. 파리 근교의 농촌 지역.

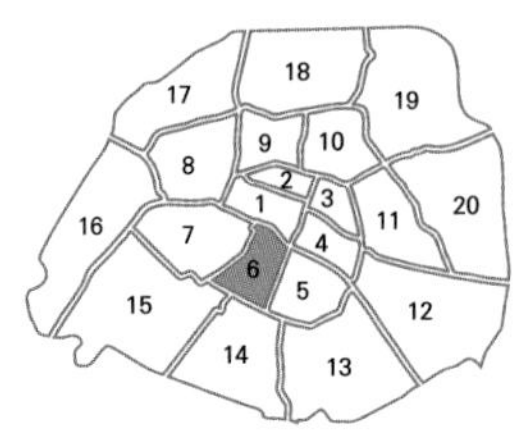

그는 68운동 이후의 자유를 만끽했다. 수업 도중에도 원하면 강의실을 그냥 나가버렸다. 담배를 말아 피우거나 뜨개질을 했으며, 연애하고, 자유를 실험했다.

곧 마리 플로랑스는 생계를 책임지기 위해 학업을 그쯤에서 끝내기로 한다. 여전히 학생인 약혼자와 살아갈 계획을 벌써 세워 뒀기 때문이다. 그는 스물하나, 약혼자는 열아홉 살이었다. 두 사람은 다섯 아이를 낳는다. 남편이 엔지니어로서 첫 직장에 들어갔을 때 부부는 역할을 바꾸기로 한다. 일을 그만둔 마리 플로랑스는 생쉴피스 성당 교구 산하 조직에서 자원봉사자가 되었다. 이후 남편의 업무로 인해 일본으로 건너간 그들은 일본에서의 생활에 푹 빠진다. 다시 돌아온 파리에서 그는 일본과 관련된 활동을 하고 싶어 계속해서 기회를 찾는데, 마침내 일본 여성과 파리 여성 간 만남과 교류, 방문과 낭독회를 제공하는 단체의 책임자가 되었다. 그는 자원자들에게 일본화畵 입문 지도를 하기도 한다.

그에게 있어 파리가 마음속의 도시라면, 일본은 '영혼의 일부를 두고 온' 곳이다.

1951년 생

주느비에브

1951

"우리는 작가들이 시대의 흐름에 밀려 씻기듯 사라진다는 것을 잘 알고 있죠. 사라졌다가 되돌아오고 또다시 사라진답니다."

파리는 다양한 사상과 사람들이 섞이는 멜팅팟이다. 그의 가족은 머나먼 지평선 너머로부터 왔다. 독일계 유대인, 그리스 대사, 동방의 무희, 아르메니아인…….

그의 가족은 머나먼 지평선 너머로부터 왔다. 프랑스 혁명기에 독일에서 넘어온 유대인, 그리스 대사와 그의 딸, 동방의 무희, 1915년의 집단 학살을 피해 고향을 등진 아르메니아인이기도 하다. 이들은 파리에서 우연히 만난다. 주느비에브는 그렇게 파리지엔이 되었다.

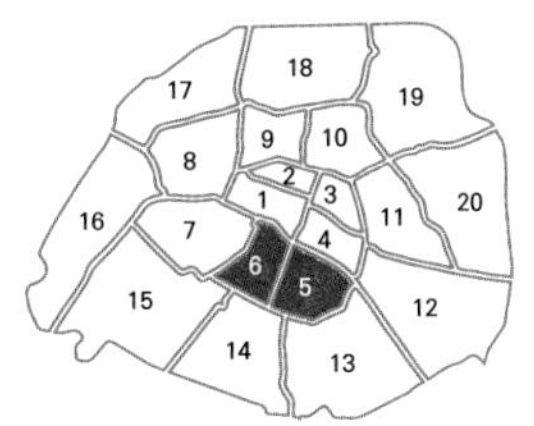

그는 뤽상부르 공원 부근 생트 주느비에브 언덕에 위치한 파리 출판 단지 한가운데서 자랐다. 그가 눈 감고도 갈 수 있을 정도로 잘 아는 지역이다.

SISYPHE EST UNE FEMME GENEVIÈVE

"아주 꼬마였을 때 난 이 공원 안에 갇히는 꿈을 꿨어요. 피터 팬처럼 말이죠."

주느비에브는 여전히 책 속에서 살아간다. 아이 때 외로움을 잊기 위해 읽은 책, 소녀 시절 뤽상부르 공원의 비밀 통로를 찾으며 만들어 낸 책, 그가 좋아했던 소설가, 특히 그를 페미니스트의 길로 인도한 버지니아 울프의 책, 그를 편집자로 만들어 준 책……. 그리고 자신이 집필한 여러 권의 인정받은 책들. 그의 책 속 어디에나 그가 산책한 파리가 있다. 뤽상부르 공원은 그가 아이들을 위해 쓴 동화책에서 가장 선호하는 배경이다. 그는 거리에서 공원으로 연결되는, 마치 '시간이 멈춰 버린 섬' 같은 이곳으로 통하는, 마법의 문에 가까운 이 길을 좋아한다.

강하지만 부드러운 어조로 그는 문학 작품 속에서 연약하게 그려지는 여성들을 위해 줄기차게 목소리를 낸다. "여성 작가들이 시대의 흐름에 밀려 씻기듯 사라진다는 것을 잘 알고 있죠. 그들은 사라졌다가 되돌아오고 또다시 사라진답니다." 사라져 버린 여성 작가들을 되살리기 위해, 볕이 잘 들어오는 사무실에 걸린 수호자 울프의 시선 아래서 그는 오늘도 그들과 대화를 나눈다.

1953년 생
로랑스

"자연 속에서, 아니면 바스티유에 있는 내 작업실에서 캔버스와 그리고 나 자신과 마주하며 창작의 고독 속에서 살아간답니다."

로랑스는 7구에서 자랐다. 미술대학을 졸업하고, 그의 세대 거의가 그랬듯 여행을 다니며 청춘을 보냈다. 화가인 로랑스는 학생들을 가르치는 일로 수입을 얻는다. 그의 화실에 30년 이상 다니고 있는 학생도 있다. 학생들과의 대화는 기술적인 면을 소개하는 데 그치지 않고, 그들의 감성을 향해 질문을 던지거나, 20세기 회화를 소개하는 것으로 채워진다.

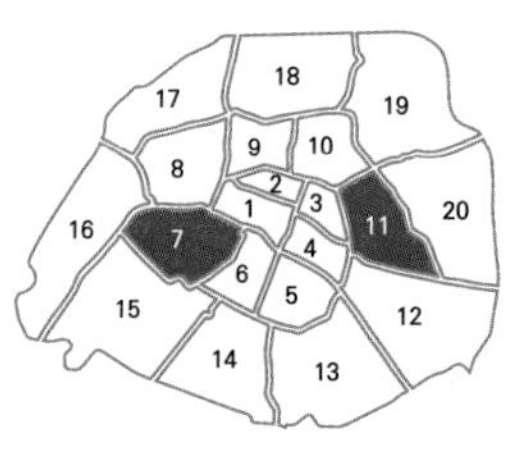

"내 관점을 먼저 들려줍니다. 서로 의견을 나누고, 학생들의 프로젝트도 돕고, 예술가를 소개하기도 하지요."

바스티유 가까이 위치한 작업실에서 로랑스는 여러 가지 실험을 해왔다. 회화 기

법을 필두로, 콜라주, 조각, 인쇄용 잉크, 아크릴 등 소재나 형태를 바꾸며 시도하는 탐구였다. 지금은 캔버스 작업에 긴 시간을 들인다. 재료, 자연, 또는 음악적 표지標識에서 영감을 얻어 주제별로 작업하면서, 거의 추상에 가까운 방식으로 정화된 현실의 형태로 재현해 낸다.

자연 속에서 또는 작업실에서, 로랑스는 캔버스와 그 자신과 마주하며 창작의 고독 속에 살고 있다. 붓 끝에서 농담을 띤 회색이 끝없이 펼쳐진다. 이는 그의 멜랑콜리다.

1955년 생
안 마리

"나는 시내 중심에서 먼 20구 스튜디오에 사는데, 이곳은 경범죄와 보보, 마약 밀거래와 고급 주택지화 되어 가는 그 중간쯤 단계에 있는 지역이죠."

안 마리는 안정적인 삶을 사는 서쪽 구역 시민들이 점점 더 동쪽으로 옮겨 가고 있는 것을 목격한다.

안 마리는 페르라셰즈[1] 토지 허가권을 소유한 파리지엔 가문에서 태어났다. 파리 서쪽 바가텔 공원의 아름다움에 둘러싸인 유년기를 보낸 그는 가문의 전통에 따라 법을 공부한다.

기업 법률 고문으로서 광고 제작 현장에서는 악역 담당이다. "'안 돼요. 그건 불공정한 경쟁입니다, 그건 위조된 겁니다, 이건 거짓말에 지나

1) Père-Lachaise. 파리에서 가장 큰 공동묘지. 20구에 위치하며, 작곡가 쇼팽, 작가 알퐁스 도데 등 많은 유명 인사들이 묻혀 있다.

지 않는군요.' 이런 게 제 대사였죠." 이는 오히려 예술적인 창의력의 세계로 그를 인도한다.

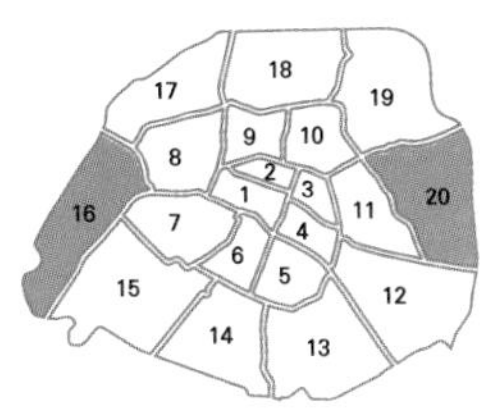

안 마리는 '시대적 분위기'를 읽었다. 펀드레이징[2] 기술을 배우기 위해 뉴욕으로 떠난 것. 그리고 문화 예술 후원을 위한 컨설턴트가 된다. 1980년대 기업 문화에서는 새로운 직책이었다. 그만의 소통 능력, 재무적 실용주의, 지속 가능한 발전에 대한 관심이 점차 그를 새로운 길로 이끌었다. 샹드마르스 근처에서 공인중개사가 된 그는 부동산의 인간적 기능에 대해 강조한다.

"아파트에 들어선다는 것은 사적인 공간 속으로, 인생의 계획 속으로 들어간다는 것이고, 거기에는 필연적으로 감성적인 부분이 존재합니다."

안 마리는 사회적 불평등에 민감하다. 그는 부동산 거래 시 1퍼센트의 기금을 열악한 주택에 거주하는 사람을 돕는 단체에 기부한다.

현재 그는 시내와 좀 떨어진 20구에 위치한 스튜디오에 산다. 이 지역은 경범죄와 보보[3]적 자유로움의 중간쯤에서, 마약 밀매와 고급 주택화, 뒷골목과 고층 빌딩이 조화를 찾아 가는 중이다. 안 마리는 스쿠터를 타고 파리를 돌아다니며, 서쪽에서 편안한 생활을 하던 인구가 점점 더 파리 동쪽으로 이동하는 양상을 주의 깊게 관찰하고 있다.

---

2) 기업, 재단, 정부 및 공공기관, 개인 등으로부터 지원금을 받기 위해 벌이는 모든 활동.
3) Bobo. 부르주아와 보헤미안을 합친 말. 중산층에 속하지만 보헤미안적 생각을 가진 사람.

1956년 생
주느비에브

1956

"여러 번 떠나기도 했죠.
하지만 난 결코 파리와 떨어질 수 없다는 걸 깨달았어요."

주느비에브와 파리 사이에는 기나긴 러브스토리가 있다. 15구에서 태어난 그는 결코 이곳을 떠날 수 없었다. 파리를 떠나 남부 지방으로 이사를 시도했던 부모님은 이내 다시 돌아와야 했다. 아이들의 마음이 파리를 떠나지 못했기 때문이다.

"지금은 그 이유를 알죠. 내가 필요로 한 것은 나를 둘러싼 환경이란 것을."

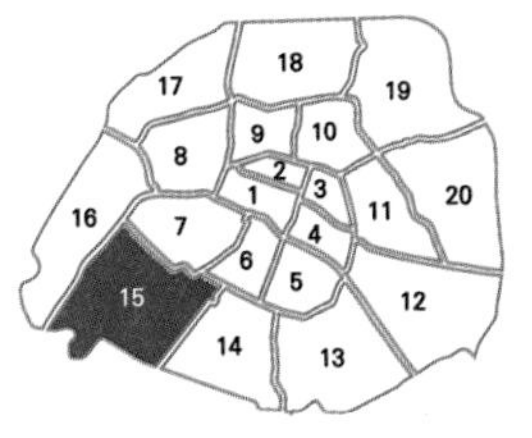

훗날 만난 배우자는 이렇게 말했다.

"파리지엔과 사랑에 빠졌고, 동시에 파리 역시 열렬히 사랑하게 되었지."

이제 커플은 헤어졌고, 그에게 더 이상의 결혼은 없다. 오직 '파리가 있을 뿐'이다.

주느비에브는 문화적인 체험과 관현악 감상을 즐긴다. 바이올린 선율을 따라 음악 속으로 빠져드는 것이 좋다. 파리는 그에게 즉흥적인 여행도 선사한다. 외국인에게 프랑스어를 가르치고, 카페에서 회화 수업을 하며, 자신이 사는 곳을 떠나지 않으면서 그는 세계 여행을 떠나는 것이다.

1959년 생
카롤린

"부모님은 파리에서 만나셨어요.
먼 곳에서 가진 것 없이 파리에 와 모든 걸 홀로 이루셨고,
모든 것에 자신을 맞추셨지요."

> 루테시아 호텔은 과거를 떠올리게 한다. 호텔은 수용소에서 나온 그의 폴란드인 어머니와 할머니를 두 팔 벌려 맞아 주었다.

카롤린은 '현실 밖에 있는' 루테시아 호텔[1]을 볼 때면 늘 과거를 떠올린다. 그의 폴란드인 어머니와 할머니는 수용소에서 나온 1945년 이 호텔로 들어왔다.

"끔찍한 불행과 고통을 겪고 난 뒤 우리는 사치를 누리게 되었지요." 그들이 되뇌던 말이다.

---

1) Hôtel Lutétia. 6구 생제르맹데프레 구역에 위치한 고급 호텔. 2차 세계대전 당시 각국의 피난민을 수용한 역사가 있는 유서 깊은 호텔이다.

아버지는 1938년 안슐루스[2] 이후 나치 점령지가 된 오스트리아를 탈출해 파리 소재 외인부대에 들어갔다. 그의 부모는 수도 파리에서 만났다. 카롤린은 부모님이 인생에 대해 늘 감사하는 모습을 보고 자랐다.

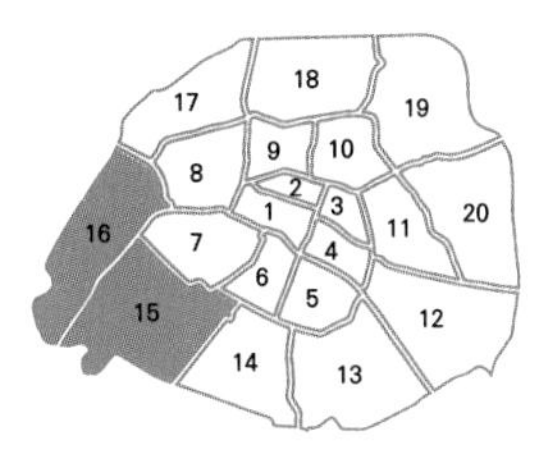

그들은 먼 곳에서 가진 것 하나 없이 여기로 왔고, 홀로 모든 걸 이루고, 모든 것을 받아들였다. 가족은 어두웠던 시절에 대해서는 말을 아낀다. 그리고 행복을 만끽한다.

카롤린은 부모님에게서 살아가기 위한 정신력, 자유에 대한 감각과 낙관주의를 물려받았다. 하지만 인종차별주의 조짐이 있을 때, 그는 어떻게 행동해야 하는지 잘 알고 있다.

이른 나이에 퇴직자가 되었지만 결코 슬퍼하지 않은 그는 여객기 승무원 일을 열정적으로 사랑했다. 예기치 않은 만남들, 북적이는 공항의 분위기……. 그는 스트레스 속에서 일하는 게 좋았다고 술회한다.

언제고 회복 탄력성을 자랑하는 그는 암 치료를 끝내고 이제 막 회복 단계에 들어섰다. 직업 없이 살아가는 새로운 삶, 새 아파트, 다시 시작한 여행, 만남, 가족, 친구, 멋진 식사, 산책, 그리고 인생을 만끽하는 중이다.

---

2) Anschluss. 나치 독일이 오스트리아를 병합한 사건.

1960년 생 파비엔

"우리 가족은 짧게 잡아도 루이 16세 시절부터 파리에 살고 있는 파리지앵이에요. 부계 모계 모두요. 혁명 200주년에 시행한 파리지앵 가족 집계로 확인된 부분이죠."

파비엔의 가족은 18세기 이래 파리에 살고 있다. 나시옹 지역에서 자란 그는 청소년 시절 그림을 그리거나 배우가 되는 꿈을 꾸었다. 그가 영화 학교나 장식 미술 학교에 지원하는 데 있어 가족의 반대는 없었다. 하지만 그는 불안에 휩싸인다. 곧 가족 전통이라 할 법학과 정

> 파비엔은 파리에 매력을 더하는 백 여섯 개의 월러스 분수[1]와 다비우드 벤치[2]가 사라지지 않기를 바란다.

---

1) Fountain Wallace. 프로이센-프랑스 전쟁 이후 파리 시내 백 여섯 곳에 설치된 음용수 공급용 공공 분수대. 영국인 리처드 월러스의 자본이 투입되었다.

2) Banc Davioud. 건축가 가브리엘 다비우드가 1860년 고안한, 여섯 명이 양쪽에 동시에 앉을 수 있게 설계된 벤치. 파리 시내 공공장소에서 볼 수 있다.

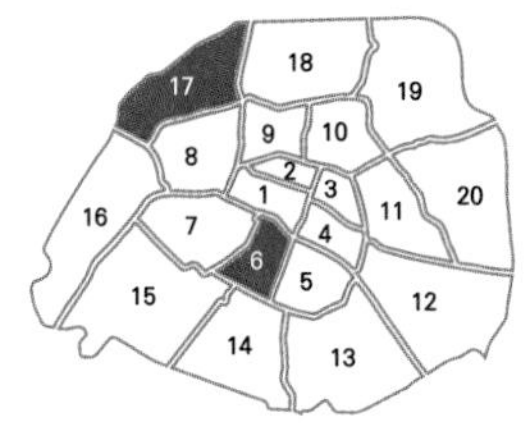

치 학교로 좌표를 튼다. 쇠약해진 아버지가 치료가 힘든 병으로 결국 돌아가시고, 그간 아버지와 그의 동생들을 돌보느라 희생하시는 어머니를 보며 슬프지만 타협해야 했기 때문이다.

기업 변호사가 된 파비엔은 화려한 사무실에서 법률 책임자로 일을 시작한다. 이후 생제르맹데프레에 변호사 사무실을 열고, 뒤이어 몽소 공원 쪽에도 사무실을 열었다. 운 좋게도 그는 언제나 직장 근처에 살았다. "파리에서 가장 큰 사치를 두 개 들자면 '시간과 공간'일 겁니다." 지적재산권과 신기술에 특화된 그는 예술가들과도 상담한다.

딸이 태어났을 때 연극이 다시금 행복해지기 위해 꼭 필요한 '운명적 신호'로 다가왔다. 파비엔은 연극 수업에 등록했고, 즉각적인 만족감을 느꼈다. 이는 가족과 지인들을 놀라게 했다. 연극 〈위험한 관계〉[3]에서 냉소적인 자유연애주의자 역을 맡은 그는 현재 파리 변호사 극단에서 활동 중이다. 그는 이런 자신의 에너지를 딸에게서도 발견한다. 그는 다시 그림을 그리고, 조각도 시작했다. 더불어 온라인 매체에 미술 전시회 비평도 기고하고 있다.

---

3) Les liaisons dangereuses. 1782년 출판된 소설을 연극으로 각색한 것. 프랑스 혁명 발발 전 상류사회의 인간관계와 위선 등을 날카롭게 묘사한 작품.

1961년 생 발레리

"성실한 파리지엔으로서 나는 일과 아이들 교육, 사회생활이며 문화생활로 언제나 '바쁜 여자'였어요."

발레리가 자주 드나들던 국제 고등학교는 유고슬라비아 망명자들과 보트피플을 수용한다. 발레리는 그들이 매우 빠르게 프랑스어를 익히는 것을 보고 감탄한다.

의사인 아버지가 종합병원 일자리 때문에 16구의 오스만풍[1] 개인병원을 떠났을 때 '건축적이며 사회적인 관점에서 이 세계에서 저 세계로 옮겨 갔다'고 발레리는 말한다.

하지만 13구로 이사한 뒤 맞은 청소년기는 아주 즐거웠다. 더는 지루하지 않았다. 이곳은 젊고 활기 넘치며 모든 게 혼합된 지역이었다. 새로 올라간 고층 빌딩, 노동자들의 세계, 상점이며 낯선 언어들. 그는

1) 나폴레옹 3세 치하 파리 지사(현재의 시장에 해당)를 지낸 오스만 남작이 1853년부터 1870년까지 파리 재건설 및 도시 정비 사업을 펼치는 과정에서 건축된 건물 디자인을 말한다.

결코 이 지역을 떠나지 않으리라.

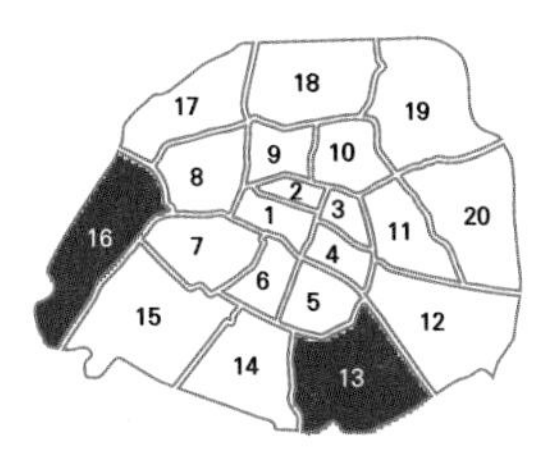

발레리는 고등학교에서 유고슬라비아 붕괴 후 넘어온 사람들과 베트남 보트피플을 만난다. 그리고 그들이 프랑스어를 매우 빠르게 익히는 것을 보고 감탄한다.

그는 3개 국어를 하는 보좌관으로서 풀타임으로 일하며 많은 경험을 쌓았다. 지루할 틈이 없었다. 그는 파리로 온 난민을 돕는 인터네이션즈InterNations 네트워크에 참여했고, 이는 매우 보람된 상호교류의 계기가 되었다. 성실한 파리지엔으로서 발레리는 일을 하면서 아이들도 교육시키고, 사회생활과 문화생활까지 즐기는 '바쁜 여자'였다. 자연스러운 헤어스타일을 위한 정기적인 미용실 방문도 잊지 않는다. 그의 혼혈 아이들—아이들 아빠는 레위니옹[2] 출신이다—은 이웃의 다른 사람들과 비슷하다. 동네에서 중국의 음력 새해맞이 사자춤을 보고 그는 크게 매료되기도 했다.

그의 마지막 직장은 오스테를리츠 역 부근에 자리한 일간 신문사였다. 그는 보험과 사이버 보안 담당이었는데, 기자들 업무를 뒤에서 받치는 일에 만족했다.

발레리가 사는 지역은 그가 그랬던 것처럼 변화를 좋아한다. 노동자들이 떠나더라도 그가 사랑해 마지않은 멜팅팟으로 남아 주기를!

---

2) La Réunion. 프랑스 해외 영토 중 하나. 아프리카 남동부 마다가스카르 섬 동쪽 해상에 위치한다.

1963년 생

기슬렌

"난 부랑아들이 그들이 처해 있는 난관에서 벗어날 수 있도록 돕고 싶어요."

입술에 미소를 머금은 기슬렌은 시테섬[1] 어귀, 그가 청소년기를 보낸 보호수 버드나무 아래에 발을 딛고 서 있다.

쉰여덟에 시험에 합격해 손에 넣은 새로운 직업 '아동재판관'은 부랑아들로 하여금 그들이 처한 난관에서 벗어나도록, 반항심을 품지 않도록, 돕고 보호하는 일이다. 전적으로 기쁜 마음으로, 하지만 냉철하게, 열정적이나 신중한 태도로, 성공을 자랑스레 여기면서도 어려움 앞에서는 겸손해지는 기슬렌은 그렇게 인생의 실마리를 풀어 간다.

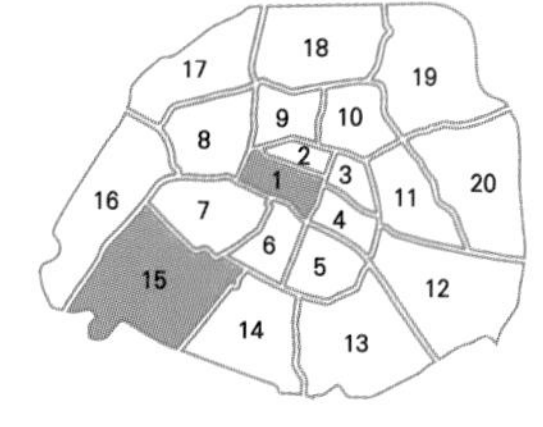

1) l'île de la Cité. 파리의 중앙, 센강 가운데에 자리한 섬. 유명한 노트르담 대성당이 있다.

파리에서 자란 어린 시절과 지방에서 몇 해를 보내고 다시 파리로 돌아왔을 때의 기쁨, 네 자녀—모두 파리에 산다—를 얻었을 때의 기쁨. 아이들 돌보는 일을 그는 얼마나 좋아했던가! 학교를 세우고 그 기쁨은 다른 아이들을 향해 옮겨 갔다. 그리고 최근에는 버림받은 아이들과 조금은 거칠게 성장기를 보내는 청소년 범죄자들이 그의 인생길 위에 있다.

집과 법정을 오가는 기슬렌의 발걸음은 결의에 차 있다. 계절에 맞게 옷을 갈아입는 거리는 동네와 그곳에서 살아가는 사람들의 분위기를 머금고 있다. 이 사랑하는 변화무쌍한 파리를 그는 자유롭게 가로지른다.

1964년 생 카렌

"나는 시트로엥 공장 옆 동네 발라르Balard에서 태어났어요. 어린 시절, 저녁 무렵 저 거대한 파테[1] 같은 시커먼 집들 사이를 지나갈 때면 좀 무서웠답니다."

카렌은 현재 자신이 태어난 15구 산부인과에서 그리 멀지 않는 곳에 산다. 리옹으로 이사를 간 소녀는 매일 파리로 돌아가는 꿈을 꾸었다. 가능한 대로 파리 할머니 집을 자주 방문해 공원이며 박물관을 구경했다. 열여덟 살에 그는 에펠탑이 보이는 7층 꼭대기 방을 얻었다. 카렌은 호기심 많은 학생이었다. 생물학, 상학, 법학 등 학위를 따고 또 땄다. 가장 최근의 것은 중재와 관련된 학

자벨Javel에 있던 시트로엥 공장지대는 역사적으로 이 지역에서 가장 주목할 만한 장소 중 하나였다. 이후 공장이 있던 자리에 앙드레 시트로엥 공원이 들어선다.

1) le pâté. 간이나 생선 살 등을 갈아 밀가루 반죽을 입혀 오븐에 구워 내는 요리.

위다.

40대에 접어들었을 때 그는 남편에게조차 다시 학생이 될 것을 권했다. 당시 남편은 와인 저장고를 만들고 있었다. 사람은 모름지기 성장하고 또 성장해야 하는 법! 이런 생각과 열정으로 카렌은 식품이며 고가 브랜드, 방위 및 항공 부문 관련 일을 해왔다.

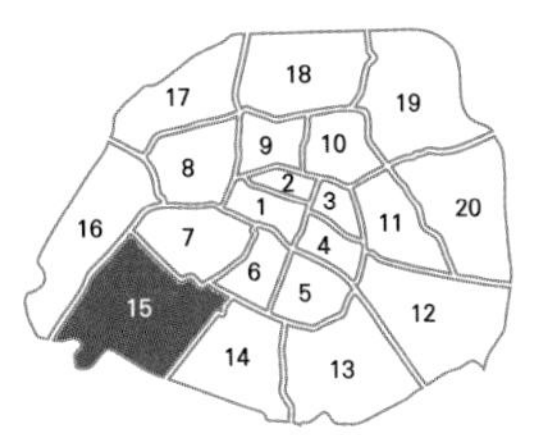

그는 집중적으로 일해야 할 때와 가족의 행복한 삶이 조화를 이루려면, 그가 일하는 조직의 체계화·자율화와 더불어 아이들이 사회성을 갖추는 게 중요하다 말한다. 물론 그 역시 때때로 '택시 엄마'였지만, 일상 속 작은 걱정거리쯤은 어깨를 으쓱하며 웃어넘긴다. 그리고 에펠탑, 친근하며 안정감을 주는 등대 같은 에펠탑은 거의 살림 일부가 되었다. "이런, 오늘 밤엔 에펠탑 조명이 꺼져 있네! 무슨 일이 생겼나?"

오랫동안 낙천주의자 카렌에게 있어 파리는 바라보는 것으로 충분했다. 파리가 베푸는 것들 속에서 기쁨을 찾고자 한다면 그것으로 충분한 것이다. 최근 발견된 암으로 자신이 집중하고 가치를 두는 현재의 삶—유일하게 확실하며 진실한—에, 그의 하늘에 살짝 금이 갔다. 그렇지만 한 발짝 더 앞으로 나아가기 위해 그는 현실을 기꺼이 받아들인다.

1964년 생
스테파니

"내 꿈은 6년 전에 이루어졌답니다.
여행과 생태학 관련 출판사를 시작했을 때죠."

"출판사에서 20년을 일했는데, 이제는 직접 해보는 게 어때요."

2016년, 스테파니는 운명이라 여기며 감사히 받아들인다. 이 여행의 기록들이 얼마나 아름다운지! 그는 이것으로 책을 만들어야 한다고 생각했다. 출판사의 첫 책이 될 것이다.

코로나19로 고립 상태가 이어지던 2021년, 파리 사람들이 모두 발코니에 나와 간호 인력들에게 응원의 박수를 칠 때 큰 상호 연대감을 느꼈다.

좋은 책에 대한 지식, 여행과 일본에 대한 애정, 종이와 직물, 수공업으로 생산되는 물건의 아름다움을 향한 열정, 시적인 무언가를 찾아나서는 여정의 일환으로 스테파니는 독립을 결정한다.

그는 스무 살에 부모를 놀라게 한 전력이 있다. 지리학과 학생으로 열대지방에 대한 공부를 끝낸 뒤, 가방 하나 달랑 메고 브라질로 건너

Amours de Chine
Regarde par la fenêtre
BALI
MA CUISINE BIO JAPONAISE
SUPERALIMENTS
Au Corps de l'Inde
Kisetsu
JAPON
BALI
ARCHITECTURE
JAPAN

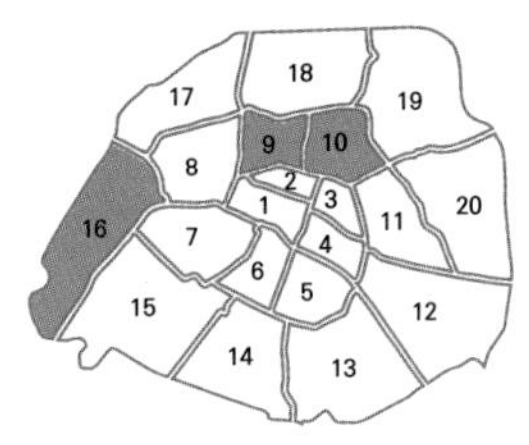

가 1년을 보낸 것이다. 68년 5월에 대한 기억 때문에 부모님은 두 자매로부터 먼 곳으로 맏이를 떠나보낸다. 인터넷이라는 게 존재하지 않던 때의 일이다.

돌아온 뒤 그는 여러 출판사에서 일한다. 하지만 여행 관련 도서라는 틈새시장에서 자신의 회사를 만든다는 것, 또 차를 마실 수 있는 공간이 마련된 책방을 연다는 것은 위험부담이 큰 선택이었다. 스테파니는 현금 자산의 불확실성에도 불구하고 포기하지 않았다. 남편과 사업 파트너에게 경영을 일임하고 자신은 도서 제작에 집중한다. 출판사 대표로서 그는 상냥함과 부드러움으로 작가와 디자이너에게 작품을 제안한다. 일을 마치고 돌아오면 경사진 길 쪽으로 난, 활기 넘기는 차고 문이 열린다!

이제 아이들 모두가 독립한 터라 그는 종종 시골에 가서 정착할까 싶기도 하다. 하지만 무엇보다 가장 큰 행복이 될 수 있는 것은 일본을 다시 여행하는 일이다. 그곳에서 그는 가루이자와Karuizawa의 길을 걷던 할머니에 대한 기억을 떠올릴 수 있을 것이기에.

1965년 생
아녜스

"4대에 걸쳐 모피 제조를 하며 살던 아파트를 매입하는 데 실패해 1995년에 아파트를 떠나게 되었죠. 비통한 일이었어요."

아녜스는 세 아이를 뱅센 숲 근처에서 길렀다. 이웃한 건물은 이미 12구에 속해 있었다. 언어치료사인 그는 최근 전체론적 치료로 방향을 틀고 있다. 그는 인간을 신체, 정신, 심리, 감정, 감각 등이 한데 합쳐진 총체로 바라보기 때문이다.

숨김없는 쾌활함 뒤에는 고통과 이별의 감정이 자리한다. 아녜스는 오늘 노트르담 드 로레트 성당으로 돌아갈 준비가 돼 있다. 이 지역은 중산층 구역에서 이제 보보들의 구역으로 바뀐 곳이다.

2차 세계대전으로 프랑스 일부가 폐허로 남았다. 1948년에는 임대료 규제라는 장치로써 세입자를 보호하는 법이 통과되었다.

1995년에 이곳을 떠나야 했던 일이 그에게는 큰 상처가 되었다. 1948년 통과된 임대료 유예법 덕분에 4대가 모피 제조를 하며 살던

COFFEE
SAUF
19
ANTIN SAINT GEORGES

곳인데, 정작 그 아파트를 매입하는 데 실패한 까닭이었다. 아녜스는 어린 시절 걷던 길을 걸어간다. 골목이 어떻게 변했는지 설명한다. 빵오쇼콜라[1] 냄새를 다시 맡는다. 지름길로 접어든다. 이내 어느 건물 앞에 감격하며 멈춰 선다. 창문의 미묘한 차이, 각 층별로 조금씩 특이한 점들, 살던 가족들, 저마다의 역사, 그들이 하던 일, 쥐가 끊이지 않던 1층 레스토랑까지……, 그는 건물을 속속들이 알고 있다.

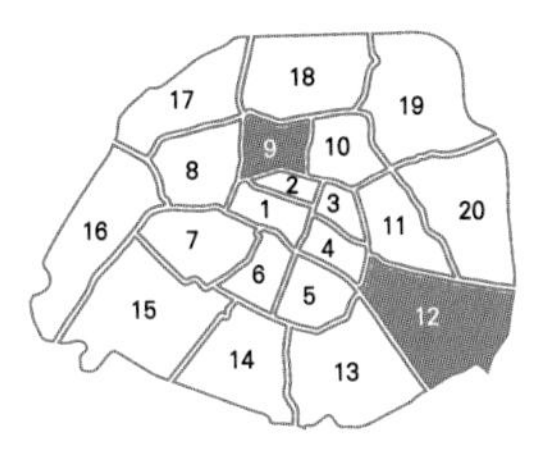

"안으로 들어갈 수 있으면 좋을 텐데……."

파리에서는 종종 마술 같은 일이 벌어진다. 건물 주인이 예상치 못하게 도착해서는 과거 그가 살던 아파트 문을 열어 주었다. 그의 손이 욕실 손잡이를 따라간다. 발은 주방 바닥을 찾는다. 눈은 쥐구멍이 나 있던 검은 서랍이 달린 위태위태한 벽장을 다시 발견한다. 조용한 아파트는 할머니가 틀어 두신 텔레비전 소리와 모피 작업실 쪽에서 나는 탁 탁 탁 소리로 채워져 있다. 고모가 무두질하고, 못을 박고, 팽팽하게 만들어 모피를 꿰매는 소리다. 여자들만의 세계가 다시 펼쳐지고, 아녜스에게 미소 짓는다. 그는 잠시 울컥하지만 곧 파리지엔의 모습을 되찾는다.

1) 버터가 들어간 반죽에 가는 초콜릿 바를 넣어 납작한 사각형으로 구워 낸 빵.

1966년 생
카미유

"내 생각에 파리지엔은 다면화 된 것 같아요.
때로는 우아하게도 느껴지죠. 부자연스럽고 세속적이며
의도적으로 꾸민 듯한 전형적인 여성의 모습과는 다르죠."

카미유는 팔레루아얄[1] 안뜰의 문화부 건물 아래서 미소 띤 얼굴로 서 있다.

1986년 예술가 다니엘 뷔랑은 역사적으로 수많은 논쟁거리를 낳은 팔레루아얄 앞뜰에 그의 설치 작품을 구현한다.

아케이드로 통행하거나 산책로를 거닐 수 있고, 정치권 핵심 부서와 유행을 좇는 명소에 연극 극장, 리슐리외Richelieu에서부터 다니엘 뷔랑Daniel Buren에 이르는 역사가 있는 곳이다. 파리지엔에게 참으로 매력적인 장소라고 카

1) Palais Royal. 파리의 역사가 담긴 건물. 문화부, 국무원, 헌법위원회가 입주해 있으며, 레스토랑, 상점 등도 이용할 수 있다.

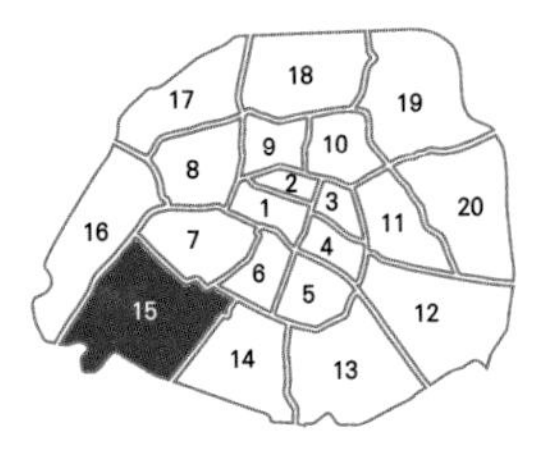

미유가 꼽는 곳이기도 하다.

"오늘날, 도시의 문화적 혼합과 다양성과 더불어 파리지엔은 보다 다면화 되었다고 생각해요. 우아하게도 느껴지죠. 부자연스럽고 세속적이며 의도적으로 꾸민 듯한 전형적인 여성의 모습과는 다르죠."

아름다움과 도시적인 분위기를 갖춘, 소음과 공사 등에도 불구하고 쉬지 않고 길을 걸을 수 있는 빛으로 반짝이는 파리와 파리지엔이 잘 어울리는 지점이다.

지적이며 예술가적인 풍모를 지닌 '임원급 여성'인 카미유. 소르본, 팡테옹 아사스, 파리 도핀 대학을 나왔으며, 사립 재단에 합류하기 전까지 오랜 기간 프랑스 학술원Institut de France에서 자산 감정 업무를 담당했다. 그는 하루 종일 멋진 구역에서 건축과 역사를 누린다. 그리고 저녁이 되면 크게 내세울 것은 없지만 편안하고 교통도 편리한, 누구나 가까이 하기 쉬운 15구 변두리에 있는 조용한 집으로 돌아온다.

어쨌든 모든 것은 그의 집 밖, 파리에서 벌어지는 일이다. 문화는 어디에나 있다.

1967년 생 델핀

"내 일은 고립된 상태로 압박감 속에서 정확성을 추구하는 일입니다. 꿈이 하나 있다면, 내 집을 벗어나 전적으로 자유로운 상태가 되는 거예요."

델핀의 어머니는 문화적으로 모든 것이 가능한 파리의 이미지를 딸에게 심어 주었다. 가족은 리옹에서 몇 년간 살았는데, 델핀은 바칼로레아 준비를 위해 부모가 소유한 작은 아파트가 있는 마비용Mabillon으로 홀로 나온다. 그리고 파리로 돌아와 파리의 풍부한 네트워크와 공동체의 다공성多孔性을 발견한 그는 소르본 문과대학에서 석사 학위 취득 후, 1990년대의 흥분과 격앙된 분위기 속에서 호화로운 건물과 카페, 영화관, 연애, 여행을 경험한다.

1990년대의 흥분과 격앙된 분위기 속에서 호화로운 건물과 카페, 영화관, 연애, 여행을 경험한다.

신문방송학 학위를 받은 뒤에는 문학비평가의 길을 꿈꾼다. 문화

관련 글을 쓰기 전에는 담배에 관한 현실적으로 불가능해 보이는 기사를 작성하기도 했다. 오베르빌리에Aubervilliers에서 일간 신문사에 고용돼 있을 때, 편집국 직원이 마지막 인쇄에 들어간 윤전기 바로 옆에서 이렇게 외친 일도 있다.

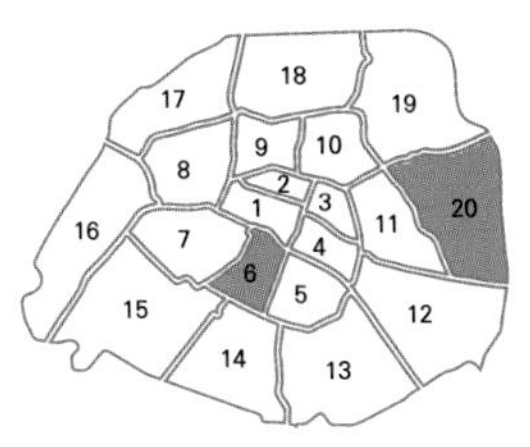

"윤전기가 돌기 시작한 시점에 신문을 한 장 꺼내 수평이 잘 맞았는지 확인할 수 있다면, 그건 꿈같은 일이지!"

비록 해당 신문사는 기울고 있었으나 델핀이 쓴 비평이 유명 주간지 편집장의 눈에 띄어 그는 프리랜서로 일을 할 수 있었다. 이후 도서면 담당으로 정식 채용된다.

하지만 인쇄 매체 자체의 전망은 어두웠다. 네모난 인터넷 창 아니면 새로운 판형의 희생자가 된 것이다. 그는 교정 작업으로 업무를 바꾼다. 격리에 가까운 환경에서 압박감을 견디며 정확성을 기해야 하는 일이다. 책에 둘러싸여 고립된 채, 목소리를 낼 일도 편집할 때의 역동성도 없이 일한다.

델핀은 다시 떠나는 꿈을 꾼다. '파리의 시골'이라 불리는 바뇰레Bagnolet 부근으로 돌아가, 온기 넘치고 잘 융합된 문화를 누리고 싶다.

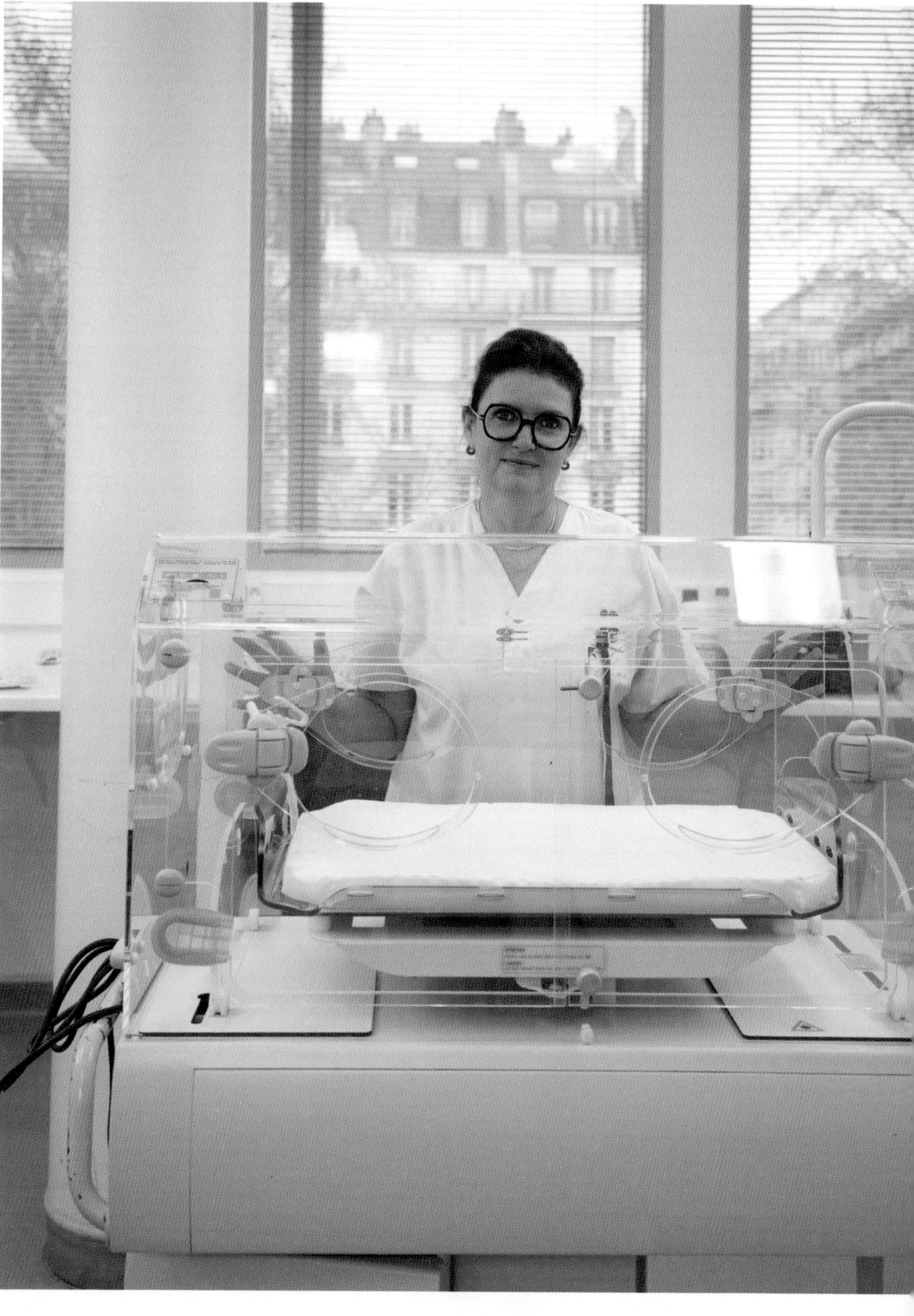

1968년 생 마리

"종종 사람들은 파리에 사는 게 스트레스라고 말하죠.
사람이 너무 많다고요.
나는 전혀 그렇게 느끼지 않는다고 말할 수 있어요.
사람을 좋아하고 생기 있는 좋은 에너지에 둘러싸이는 게 좋거든요."

마리는 불로뉴 숲 인근에 산다. 그는 뱅센 숲 근처에서 물리치료 공부를 했고 두 지역의 중간 지점인 14구 소재 포르루아얄 산부인과에서 일한다. 마리는 친척들이 파리 시내나 파리 근교에 사는 것을 행운으로 여긴다. '가족은 사회를 이루는 세포조직'이 아니겠는가. 그는 전적으로 자연스럽게 엄마와 아기가 있는 직장에 이끌렸다.

응급 서비스와 신생아 병원 일부 층이 직원 부족으로 폐쇄되었다.

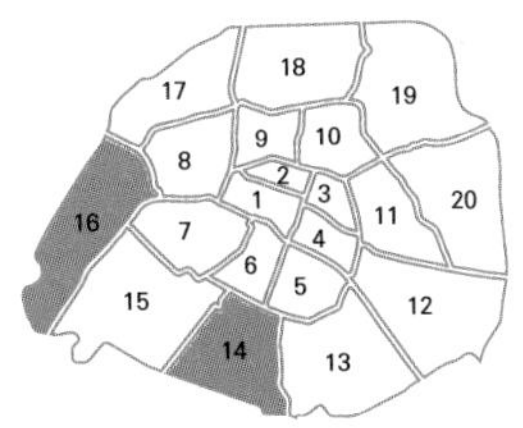

"신생아실에 들어가 살펴보는데, 아기가

내 손가락을 꼭 붙잡았어요. 심장이 뛰었죠."

그의 일상은 아기 한 명 한명에게 맞춤한 보살핌을 주는 일로 채워진다. 편안한 자세를 찾아 주고 호흡을 돕기 위해 피부 상태며 몸짓, 표정, 주위 환경에 대한 반응 등을 면밀히 살핀다. 막 태어난 아기를 보고 너무 작아 깜짝 놀라는 부모를 돕는다. 아기의 분홍빛 피부나 손가락을 입에 넣는 것을 잘 관찰하도록 교육한다. 아기를 돌보며 노래를 부르거나, 소통을 잘할 수 있도록 그림 그리기를 제안할 수도 있다.

실용성 또한 추구하는 마리는 부모와 아기가 잘 연결될 수 있도록 협회를 만들어 기금을 조성했다. 각 방에 침대를 마련하고, 살과 살을 맞댈 수 있도록 아기를 업는 포대기나 부모가 목소리를 녹음해 아기에게 들려주도록 심장 모양 오브제를 제공한다. 그가 일에 적용하는 이런 긴밀한 유대는 곧 파리라는 도시를 사랑하게 하는 원동력이기도 하다.

고층 빌딩과 길게 이어진 거리에 마음을 빼앗겼던 뉴욕, 널찍한 도로 면적에 깊은 인상을 받은 베를린을 떠올리면 모든 것이 더 작은 파리지만, 그에게는 그만큼 더 친밀한 곳이다.

1969년 생

주느비에브

“비즈니스 세계에서는 성차별주의에 대해 우회적으로 접근해야 해요. 때로는 그걸 무시하고, 순진하게 놀라는 모습을 보이거나, 아니면 냉혹한 태도를 보여 주어야 하죠.”

‘주느비에브’는 파리를 수호하는 성인聖人의 이름에서 따온 거란다. 얼마나 자주 들었던 이야기인지! 지방에서 올라온 가톨릭교도인 부모님에게는 자랑스러움의 근원이기도 하다.

어린 소녀는 서민적이고 활기 넘치는 11구 로케트Roquette 지역에서 자랐다. 학교 가는 길에 있던 널리 알려진 여성 죄수 감옥은 얼마 지나지 않아 철거되었다. 형제자매들이 태어나면서 더 넓은 공간이 필요해졌고, 가족은 10여 년간 지방으로 떠나야 했다. 파리로 돌아오기 전 일 때문에 파리 변두리 지역으로 이사해 지낸 일이 있었는데, 이때의 경험이 지긋지긋했던 주느비에브는 파리 시내에

불붙은 성당……. 10층 방 창문 너머로 보이는 거대한 검은 연기 앞에서 망연자실했다.

살기로 맹세한다.

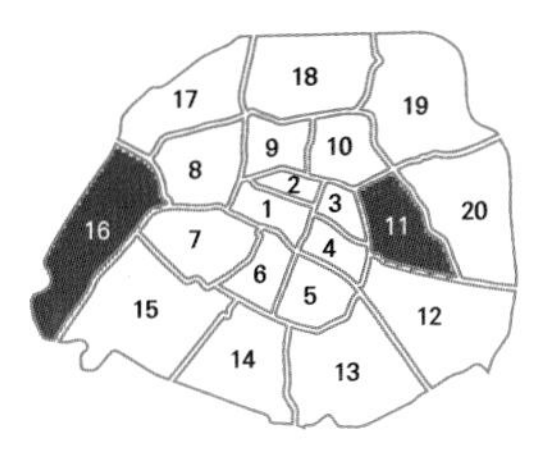

비즈니스 스쿨 졸업장이 이를 가능하게 했다. 그는 16구에 완전히 정착하기 전 녹음과 주거지가 공존하는 15구에서 잠시 살았다.

그가 몸담고 있는 이 분야—여성에 대한 도시 전설이 여전히 성공을 거두는 중인— 사람들은 매력적이다. 그들은 강경한 목소리를 낸다. 여성—물론 그를 포함한—은 모름지기 아이디어를 가지고 있으며, 아이디어를 책임질 줄 알고, 임원진을 불편하게 만들어야 한다고. 또 여성은 성차별주의에 대해 우회적인 수단을 사용해야 한다. 때로는 이를 무시하고, 다른 데 가서 말하라고 순진하게 놀라는 모습을 보이거나, 종종 무자비함을 보여 주는 것도 한 방법이다. 그러나 주느비에브는 그 일에서 자유와 독립이라는 본질을 발견했다. 주위의 많은 여성들이 가정생활과 출장을 동시에 해나가기를 포기했다. 하지만 그는 그들의 용기를 북돋기 위해 애쓴다.

재택근무 그리고 아이들의 독립과 더불어 빈자리를 느끼는 그다. 남편이 선물한 강아지가 그 자리를 채운다. 강아지는 그에게 인생의 덧없음을 알려 주는 존재다.

1970년 생 나탈리

"난 파리를 결코 떠나지 않아요.
요즘 말로 '집순이'죠.
며칠 동안 외출하지 않는 것도 가능하답니다."

첫 번째 봉쇄가 시행됐을 때 사람들은 언덕에 올라가 숨을 쉬었다. 황량한 몽마르트르에서 얻은 특별한 추억이었다!

선생님이자 파리지엔인 나탈리는 마르셀 프루스트의 열정적인 팬이기도 하다. 마르티르 거리에서 태어나 부모님과 함께 교외에서 살다가 열아홉 살에 파리 시내로 돌아왔다.

"박사 과정까지 파리 소재 대학에서 마쳤어요. 아버지가 공부하셨고, 내가 입학할 때 아주 자랑스러워 하셨던 루이르그랑 고등학교에서 그랑제콜[1] 준비반에 있었지요."

1) 프랑스의 소수 정예 엘리트 고등 교육기관.

파리지엔으로 남기 위해 맞서야 할 일이 많았다. 테제베[2] 왕복 티켓을 끊어야 했고, 런던 금융가에서 딸을 키우는 것도 거절했다. 대학 일자리를 얻으려고 아등바등했다.

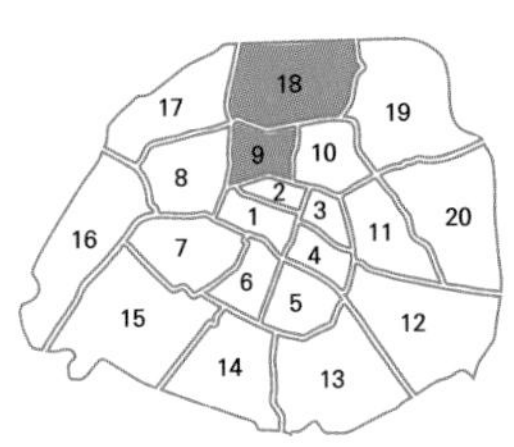

하지만 무엇보다 파리를 향한 그의 내재된 사랑을 이야기해야 한다. 외조부모로부터 물려받은 유산이라 할 소박한 사람들의 도시 파리, 러시아에서 피난 와 프랑스를 발견한 아버지가 보여 준 지적인 파리, 그가

2) TGV. 프랑스 고속철. 세계 최초로 시속 320킬로미터 영업 운전을 성공시켰다.

어린 시절부터 탐독해 온 작가들의 도시 파리에 대한 사랑 말이다.

"난 파리를 결코 떠나지 않아요. 요즘 말로 '집순이'죠. 며칠 동안 외출하지 않는 것도 가능하답니다."

나탈리는 죄수의 삶을 산다 해도 과언이 아니다. 벽을 이룬 책 더미가 그에게 세상을 보여 준다. 활기찬 라디오 프로그램으로 문학 산책을 떠난다. 아니 에르노[3]를 다룬 학술 기사를 읽고 학술 발표회에 참여한다. 단편 장르에 대해서는, 여전히 "책을 제대로 읽은 적이 없네요. 끝내기가 너무 두려워요!"라고 말한다.

유머냐 정제된 표현이냐 사이에서 나탈리는 본질로 돌아온다. 학업의 괴로움과 억압적인 교육제도에 반대하는 그로서는 유머를 택한다. 지나치게 관대한 점수를 받고 놀라는 학생들에게 그는 웃으며 말한다. "내가 산수에 약하거든." 좋은 선생님은 늘 조금은 연기할 줄 알아야 한다.

---

3) Annie Ernaux. 2022년 노벨문학상 수상 작가.

1971년 생

제랄딘

"전체 맞춤 제작인 경우, 작은 프로젝트라도 문손잡이에서 돈을 장식까지 작업하는 데 1년이 걸리기도 해요. 모든 걸 내가 다 한답니다."

역사적인 가치를 지닌 파리 수도원의 비호를 받는, 예술과 역사가 깃든 한 장소에서 우리는 절제된 우아함을 갖춘 '작은 집'을 발견한다. 기발한 배치, 신중히 선택된 소품들은 공간의 협소함을 잊게 한다. 제랄딘이 새로운 출발을 시작한 곳이다.

2015년 처음으로 축구 경기를 보러 간 스타드 드 프랑스에서 그는 테러[1] 현장의 목격자가 되었다.

크리스티 경매장과 창조적인 '패션 하우스'에서 일한 뒤 그는 공부

1) 2015년 11월 13일부터 다음 날 새벽까지 이어진 테러 사건을 말한다. 축구 경기장 스타드 드 프랑스를 비롯해 파리 시내 및 근교 여섯 개 장소에서 총기 난사, 자살 폭탄 등의 동시다발적인 연쇄 테러가 발생했다. 이 일로 130명이 사망했다.

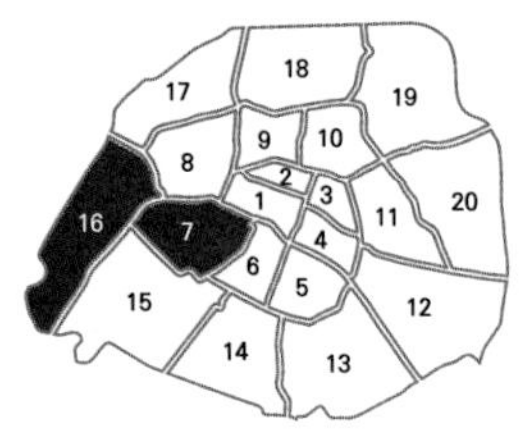

를 다시 하기로 한다. 보통의 학교가 아니라 에콜 불[2)]이었다. 지금은 실내장식가로 활동한다. 아파트라는 사적 공간으로 들어가는 일이다.

"전체 맞춤 제작인 경우, 작은 프로젝트라도 문손잡이에서 돋을 장식까지 작업하는 데 1년이 걸리기도 해요. 모든 걸 내가 다 한답니다. 배관부터 조명, 철거, 건축, 가구 디자인이며 각종 장식, 식사 공간에 사용할 촛불 장식까지지요."

파리 안에서 거미줄처럼 엮인 그의 인맥에 대해 이야기하며 어려움을 간접적으로 내비치는 문장에서 그가 홀로 학생인 두 딸을 키우고 있음을 겨우 짐작할 수 있었다. 그는 딸들에게 기본적인 것은 물려줬다. 첫째는 이미 '루브르 근처의 작은 집'에 살고 있다고.

2) Ecole Boulle. 12구 소재 국립 고등 응용예술학교.

1971년 생
뮈리엘

**"벨빌을 떠난다는 생각은 해본 적도 없어요!
나는 이 범세계적인 동네를 사랑해요.
극도의 대중성과 예술적이며 보보 성향을 띠는 양극이
성공적으로 뒤섞인 곳이죠."**

바티뇰Batignolles 서민 동네에서 자란 어린 소녀는 늘 교사가 되고 싶었다. 51세 뮈리엘은 IME[1] 교사로서 이곳에 돌아올 예정이다.

동네는 크게 바뀌었지만 직업에 대한 그의 열정은 변하지 않았다. 여기에 이르기까지의 여정에는 부침이 많았다. 일을 하

유년기를 보낸 바티뇰 지역은 새로 들어선 법원 건물과 더불어 완전히 바뀌었다.

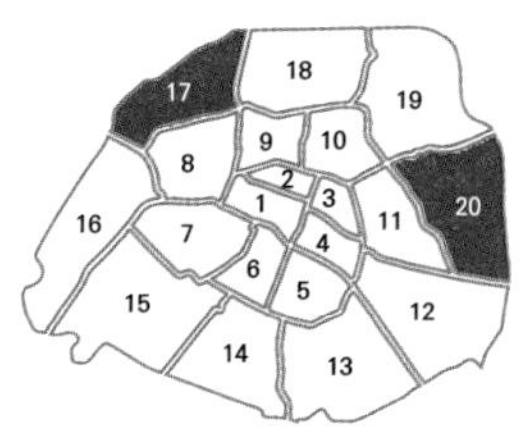

1) 지적장애를 가진 아이나 청소년의 재활을 교육하는 기관.

PARISIIS
20

다 말고 경쟁이 치열한 시험공부를 위해 1년을 쓴다는 것은 스무 살의 그에게는 불가능한 사치였다. 그는 비영리 단체에서 성인 대상 프랑스어 강의를 하는 것으로 타협했다. 일은 흥미로웠지만 임시직이었고, 아스퍼거 증후군으로 진단받은 아들 때문에 힘들었다. 육아 휴가 덕분에 시간을 얻은 동안 자폐아를 둔 엄마들과의 네트워크가 우정이라는 형태로 자리 잡는다.

얼마 안 가 일손이 부족한 교육부에서 계약직 교사 모집 공고가 나오는데, 그렇게 그는 마침내 유치원 교사가 된다. 그는 자폐나 인지 장애가 있는 청소년을 위해 일하겠다고 제안한다.

"우리는 상황에 적응하고, 함께 놀고, 많은 대화를 해요. 아이들이 자기 훈련을 통해 사회화되도록 돕고 있죠."

싱글맘에게도 때로는 평온이 필요하다는 사실은 크게 놀랍지 않다. 소란한 벨빌에서는 더욱 그렇다. 하지만 여기를 떠날 생각은 없다. 고용주가 내는 1퍼센트 분담금 덕에 이 범세계적인 동네에서 살 수 있는 까닭이다. 아래로는 '극도로 대중적'이며 위로는 예술성과 보보를 볼 수 있는, '성공적인 혼합'이 있는 자유의 공간이자 사람들의 시선 따위 신경 쓸 필요가 없는 곳이지 않은가.

생활에 지칠 때면 뮈리엘은 이리저리 돌아다닌다. 그는 이제 RER[2)]과 파리 근교 노선을 속속들이 알고 있다. 파리 없이 산다는 것, 그로서는 상상할 수조차 없는 일이다.

---

2) 수도권 고속전철.

1972년 생
베네딕트

"내가 사는 아파트에서는 다양한 문화가 혼합돼 있는 걸 볼 수 있어요. 일터인 바르베는 작은 마을 같은, 가족적인 느낌이 드는 곳이죠."

18구에서 태어나 여전히 살고 있는 18구의 아이인 그는 어려움과 몇몇 혹독한 상황 속에서도 지역의 중심에서 시민 참여를 이어 가고 있다.

베네딕트는 파리를 이리저리 산책하는 것을 좋아한다. 그의 집은 범세계적이며 변화하는 중인 18구에 있다. 그는 비샤Bichat에서 태어났고, 출산도 거기서 했다. 라샤펠La Chapelle에 위치한 그의 아파트에는 다양한 문화가 혼합되어 있다. 일터인 바르베Barbès에서는 방황하며 혼자 돌아다니는 미성년자를 쉽게 보게 되지만, 한편으로는 '마을 같은 가족적인 느낌'을 받는다. 그의 철학은 이런 아이들이 가진 문제를 이해하고 생각을 나누는 것이다.

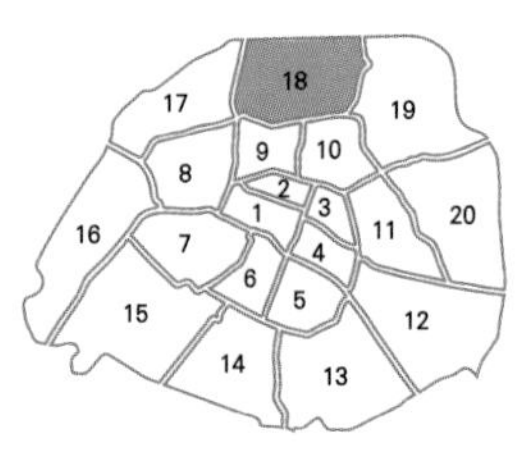

모 단체에 소속된 사회 문화 활동가로서

그가 말하길, 자신은 학교, 가족이나 사회 안에서 불균형한 삶을 살아가는 젊은이들에게 후견인과 다름없다고. 인내하는 과정에서 다목적실이 완성되었고 주방은 설비를 갖췄다. 입소문이 나더니 첫 번째 아이들이 왔다. 베네딕트는 현재 이 아이들이 낳은 아이들까지 알고 있다.

예술과 스포츠를 도구로 삼아 아이들의 위험이 큰 행동을 예방하는 일은 민감하고도 실패하기 쉬운 기술이다. 어떤 아이들은 그들을 둘러싼 환경 속으로 가라앉는다. "가족조차도 아이 문제에 눈을 돌리게 되는 데는, 중독도 중독이지만 경제적인 문제가 있어요. 당장 세탁기 하나 들여놓는 게 더 중요한 가정도 있으니까요."

이제까지의 결과를 자랑스레 여기는 베네딕트는 광고 회사 경력을 내려놓고 교사로 살기로 한 것을 후회하지 않는다. 둘째 아이 출산 후 파트타임으로 일하겠다는 그를 용납하지 않은 회사였다. 이 일을 하면서 그는 가족이나 부부 관계에서 발견하던 의미를 찾았다. 파리지엔에게는 언제나 여러 개의 삶이 있지 않은가.

1972년 생
카트린

"한적하고 익숙한 몽마르트르의 이 작은 거리에서 어린 시절 우정을 쌓았죠. 이곳을 걸으며 그때로 돌아가곤 해요."

카트린은 가정의라는 직업을 좋아한다.

"아기와 엄마, 가족이 함께 하는 것은 소중한 일이죠."

그럼에도 불구하고 지속적인 의료비 절감이라는 외부 요인 때문에, 그는 자신이 원하는 만큼 일을 잘하기가 어려워 때때로 무력감에 빠진다. 다행히 몽마르트르와 그의 아파트는 파리에서 그다지 비싸지 않은 곳이다.

몽마르트르 언덕 위 집으로 돌아가는 동네 사람들은 적어도 38계단 이상을 올라가야 한다.

이곳은 그의 가족이 파리에서 뿌리 내린 지역으로, 할아버지 역시 동네에서 다양한 직업을 가졌다. 아버지가 얻은 이 아파트에서 가족이 살았다. 이후 세를 놓았다가 카트린이 들어와 정착하고 남편과 함께 공간을 넓혔고, 아이들은 자라 이곳에서 사춘기를 맞았다. 이 한적

하고 익숙한 거리에서 그는 어린 시절을 보내고 친구를 사귀었다.

카트린은 거리를 걸으며 과거를 떠올린다. “유아원은 위로, 학교는 아래로!” 그곳에는 계단을 뛰어 오르내리던 젊은 엄마인 자신이 있다. 아니면 체육 수업에서, 아베스Abbesses 교구에서 친구를 사귀던 순간이거나. 요컨대 변하지 않는 안식처인 것. 친구들을 만나러 카페에 가거나 딸과 함께 시간을 보내는, 카트린에게 몽마르트르는 그런 곳이다.

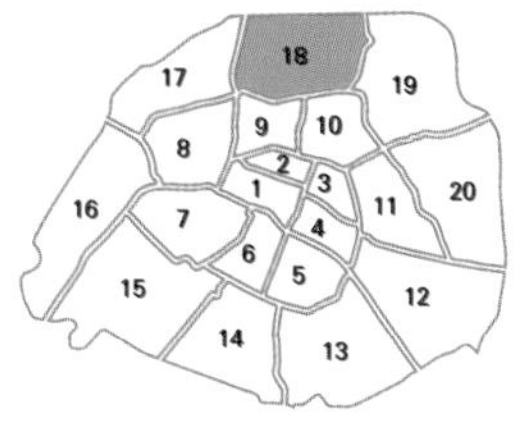

1973년 생
라파엘

“자본주의 세계에 노출돼 어린아이화 한 소비자를 대상으로 그들의 욕망을 자극하는 물건을 만들 게 아니라, 책임지는 사회를 반영하는 물건을 만드는 게 중요해요.”

14구에서 태어나 디종에서 자란 그는 열여덟에 파리로 돌아와 법과 비즈니스를 전공한다. 미국에서 유학한 1년간 그는 시야를 넓힐 기회를 갖게 되는데, 인류학과 도예까지 배워 돌아온다.

1995년의 파업이 도시의 얼굴을 어떻게 바꾸는지 보는 것은 인상적인 경험이었다. 모두 함께 행진했고, 서로 대화를 나누었다.

스타트업에서 5년간 마케팅 업무를 한 뒤, 그는 디자인 쪽으로 방향을 틀어 이 분야에서 그의 철학을 완성한다. 자본주의 세계에 노출돼 어린아이화 한 소비자를 대상으로 그들의 욕망을 자극하는 물건을

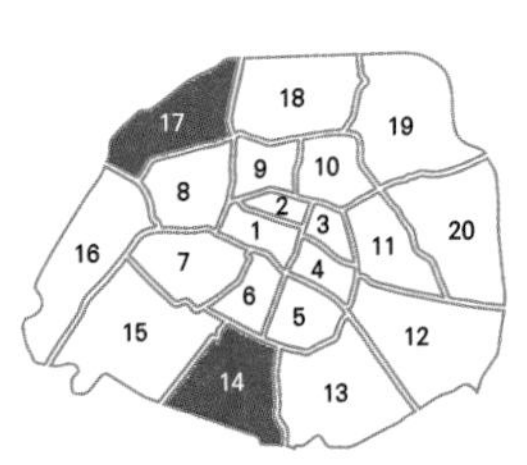

만들 게 아니라, 책임지는 사회를 반영하는 물건을 만드는 것이 중요하다는 것. 디자이너라는 직업만큼 정치적인 것은 없다. 왜냐하면 만들어진 물건은 윤리와 미학, 개인적인 친밀함과 지구 전체를 교차하는 지점에 놓이기 때문이다.

행동하는 디자이너이자 교육자로서 라파엘은 환경을 생각하는 생태 디자인 프로젝트를 구상 중이다. 예술가와 과학자, 농부들까지 합류하는 형태가 될 것이다. 말할 것도 없이 파리지엔인 그는, 몸은 에피네트Épinettes 지역에 있어도 마음은 지구와 전 세계를 향해 열려 있다.

1974

1974년 생

스리즈

"스타드 드 프랑스에서 폭탄이 터지고 누구도 감히 지하철을 탈 용기가 나지 않았지요. 얼마나 두려웠겠어요."

건축가였던 할아버지는 루브르 박물관에서 살다시피 했다. 그의 부모는 엘리제궁과 가까운 세련된 8구와 13구의 공공 주택에 살았다.

중산층이 너무 비싼 임대료 때문에 파리를 떠나자 6학년 학생이 줄었다. 아이들은 성장할수록 다른 부류와 덜 섞이는 경향을 보인다.

스리즈는 센강 좌안左岸과 14구를 좋아한다. 그는 이곳에서 학생, 교사, 중학교 교장이라는 순서를 밟아 나갔다. 늘 학교를 사랑한 그는 휴가보다도 학교에 있는 것이 더 좋았다. 사람들은 빠르게 그의 이름을 기억했으며, 그는 모든 게 만족스러웠다.

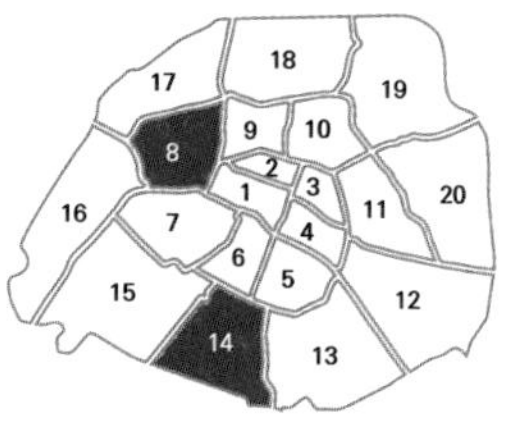

철학 전공인 그는 18년간 교사로 일하며 사회적인 혼합이라는 귀한 가치를 경험했

지만, 끊이지 않는 잡음과 학교의 대표자로서 항상 자리를 지켜야 한다는 피로가 있었다. 교장이 되었을 때도 업무 환경에는 거의 변한 게 없었다. 파리의 중학교는 과거 초등학교였던 경우가 종종 있는 터라 교정 규모가 작은 데다 쥘 페리[1] 시대의 마룻바닥을 그대로 쓰는 곳도 있다. 그는 다양한 업무를 수행했는데, 근무 시간은 늘고 예기치 않은 일에도 대응 가능한 마음가짐이 요구되었다. 높은 임대료를 이유로 파리를 떠나는 중산층이 늘고, 학급마다 학생 수가 줄어들자 학교는 각 학생에게 더 많은 주의를 기울여야 했다. 말썽 많은 중도 포기자도, 묵묵히 괴로움을 견디던 아이들도 잊히는 일 없이 조화롭게 나아가야 했다.

스리즈는 파리 학생들의 회복 탄력성에 감탄한다.

"스타드 드 프랑스에서 폭탄이 터졌을 때 아들이 거기 있었어요. 내가 두려워하던 중에 아들이 재빠르게 전화를 줬죠. 그 누구도 감히 지하철에 오를 엄두를 못 냈고, 그다음 날 파리는 텅 비어 버렸어요. 하지만 아이들에게서 그런 두려움이 크게 느껴지지는 않았답니다."

분명 스리즈의 차분한 태도가 학생들이 평정심을 유지하는 데 도움이 된 것이리라.

---

1) Jules Ferry. 1879년에서 1883년까지 교육부와 문화부 장관을 역임한 정치가.

1975년 생 에밀리

"딸들이 파리에서 집처럼 편안함을 느끼기 바라며 돌아왔죠."

한쪽 발은 전통에, 다른 발은 현대성에. 에밀리는 이 둘을 분리해서 생각할 수 없다.

> 어린 시절 아버지는 일요일마다 그를 파리 곳곳의 교회로 데려가 건축물의 아름다움을 감상하는 시간을 갖게 했다. 이후 그는 그렇게 애착을 갖게 된 멋진 유산들에 대해 공부하기에 이른다.

그의 가족은 7구에 닻을 내렸다. 어린 소녀는 레지옹 도뇌르 기숙학교[1)]에서 공부한다. 피아노를 연주하며 자신의 연주를 듣는 법을 배웠다. 시앙스 포[2)]를 거쳐 에콜 뒤 루브르[3)]에서 강의를 들으며 파리의 건축 유산, 오래된 건축물에 관심을 가지

---

1) 나폴레옹이 세운 엘리트 기숙학교.

2) Sciences Po. 파리정치대학. 정치학·사회과학 중심의 최상위 엘리트를 양성하는 그랑제콜.

3) L'école du Louvre. 역사, 예술, 건축학, 금석학, 인류학, 박물관학에 특화된 학교로 1882년 프랑스 문화부가 설립했다.

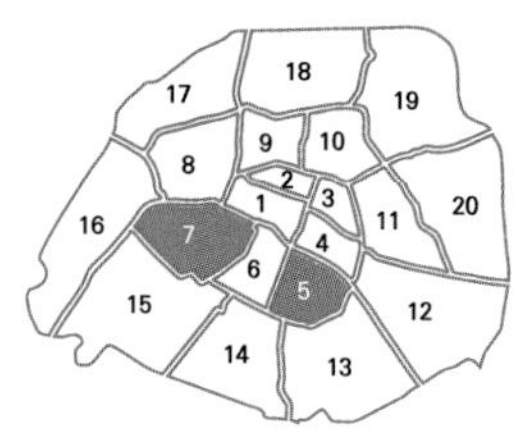

게 된다. 그는 파리에 있는 대부분의 성당과 성당의 오르간 연주에 정통하다.

이런 사색적인 면모 뒤에는 혁신과 기술의 필요성을 아는 또 다른 에밀리가 있다. 그는 어린이 책 출판사에서 음악가를 다룬 오디오 CD 출시에 참여했다. 현재는 IT 부서의 보다 효율적이고 확실한 업무 수행을 돕는 자문으로 일한다.

에밀리에게 무엇보다 중요한 것은 인간성을 보살피는 일이다. 10년 동안 파리와 런던을 오가며 산 그는, 딸들도 파리를 집처럼 느꼈으면 하는 마음으로 남편과 함께 파리로 돌아오기로 했다. 그의 눈에는 매혹적인 도시로의 아주 원활한 귀환이었다.

1976년 생

파트리시아

"나는 고객을 좋아해요.
고객의 소리에 귀 기울이죠.
종종 꽤 복잡한 시스템을 구축하기도 해요.
그들은 나와 함께 일하는 것에 만족한답니다."

> 전쟁이 끝났을 때 직공이던 증조할머니는 홀로 아이들을 건사해야 했다. 상황은 여자도 좋은 직업을 가져야 함을 명백히 보여 주었다.

파트리시아 집안 여성들은 활동적인 파리지엔이다. 그들은 여러 세대에 걸쳐 자신들 삶의 주인이었다. 전쟁이 끝났을 때 직공이던 증조할머니는 홀로 아이들을 건사해야 했다. 여자가 직업을 가져야 한다는 게 명백해졌다. 그것도 번듯한 직업, 일하는 데 있어 선택의 자유를 허용하며 경제적으로 안정을 가져다줄 그런 직업 말이다.

파트리시아의 할머니는 약사였고, 어머니는 의사다. 의사 자격시험 합격률 앞에서 현명해진 그는 회계사가 되기로 한다. 직설적이며 자

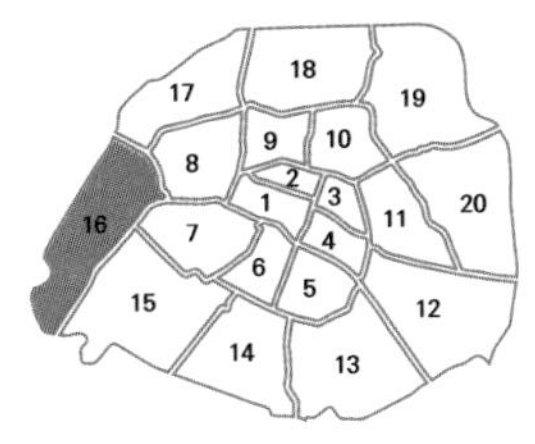

신감이 충만하고 역동적인 그는 재무 컨설팅에서 조용히 성공을 확신한다. 증권시장에 상장된 대기업들과 일하며, 회사 대표들에게는 의사와 같은 컨설턴트가 돼 준다.

“나는 고객을 좋아해요. 고객의 소리에 귀 기울이죠. 종종 꽤 복잡한 시스템을 구축하기도 해요. 그들은 나와 함께 일하는 것에 만족한답니다.”

사회와 가족으로부터 받는 압박은 그를 성공으로 이끌었지만, 일은 그의 삶에 있어 핵심이 아니다. “친구들을 만나고 집에 자주 초대하는 걸 좋아해요. 아이들을 박물관에 데려가고, 파리 시내로 외출하는 것도요.” 파리 문화계 일정을 속속들이 꿰는 그는 공연과 전시회를 조직하고 기획한다. 그는 자신이 운이 좋았다는 사실을 잘 안다.

1978년 생
카롤린

“파리와 나의 관계는 말다툼이 끊이지 않는 오래된 부부 사이 같은 거예요.”

2019년 시위가 한창일 때 사람들이 차를 불태웠다. 그는 생제르맹으로 몸을 피했는데, 사제가 문을 닫았다. 이상하고 끔찍한 경험이었다.

셀 수 없이 잦은 이사, 지방으로 또는 해외로 떠났다가 돌아오는 여행. 하지만 언제나 ‘집으로 돌아올’ 것. 파리는 아름다우니까. ‘엘리베이터 없는 6층, 한 아이는 팔로 안고, 아기는 아직 배 속에’ 아니면 ‘바로 앞 건물에 손이 닿을 만큼 어두운 아파트’라도 좋다. 단 다음 이사까지만.

카롤린은 8구에서 모든 것을 시작했다. 너무 일찍 집을 떠난 모델 출신 어머니와 쇼비즈니스에 종사하던 아버지와 함께였다.

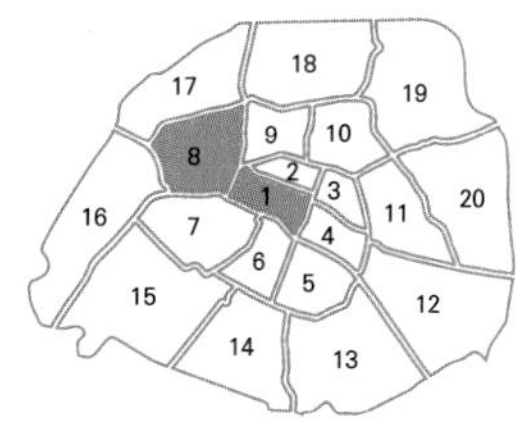

그는 팔마, 퀘벡, 뉴욕 그리고 파리에만

도 여남은 개의 주소를 갖고 있다. 아버지의 발자취를 따라 니스의 한 라디오 채널에서 방송을 하고, 성공적으로 패션 블로그를 만들고 인플루언서가 되었다. 그는 언제나 세상의 또 다른 끝으로 출발할 준비가 돼 있다. "나에게 피곤이란 곧 지루함이에요." 하지만 강렬한 삶의 끝에는 탈진과 내가 나 자신이 아닌 것 같은 느낌이 남았다.

카롤린은 동반자와 함께 인도로 떠났다. '수중 마사지'를 경험하고 와추[1] 자격증을 땄다. 치료 요법은 그에게 새로운 길을 보여 준다. 코칭, 최면, 숲 치료, 무속巫俗 여행……, 모든 것을 탐구한 그는 음기陰氣를 진정시키는 카카오 의식을 제안한다. 모든 것이 파리 중심부 오데옹 근처에서 진행된다. 그 밖의 다른 곳에서는 영상통신을 사용한다. 특히 가족이 아이들 등교 문제에도 불구하고 떠나야 할 때 유용하다. 그 자신이 어머니의 부재로 인해 큰 고통을 겪었기에, 카롤린에게 자신의 모험을 위해 아이들을 두고 떠나는 선택지는 없다.

---

1) watsu. 'water'(물)와 일본어로 지압을 뜻하는 'shiatsu'를 합한 용어.

1979년 생
엘렌

"스물넷에 일러스트 대행사에 들어가 그곳에서 거의 20년간 경력을 쌓았어요."

> 가족과 사는 아파트를 다소 좁게 느끼는 많은 파리지엔들처럼 그는 아파트를 벗어나 바다로, 시골로 여행하는 꿈을 꾼다.

엘렌은 이사를 많이 다녔다. 고위 공무원 아버지의 인사이동에 맞춰 가족도 이동한 것이다. 13구에 있는 빌딩 36층에서부터, 로데즈[1], 아작시오[2], 7구에서도 살았다. 부르고뉴에서는 성에 살았는데 그의 방은 자전거를 탈 수 있을 만큼 넓었다. 청소년기 이래 파리를 떠나지 않았다. 그가 열네 살 무렵 빠졌던 공포 체험 놀이에 대해 들려준다. 전투복에 장화 차림으로 친구들과 몽수리 공원 안쪽 구불구불한 길을 따라 카타콤으로 내

---

1) Rodez. 프랑스 남부에 위치한 도시.
2) Ajaccio. 지중해 북부 프랑스령 코르시카 섬의 중심 도시.

려가 에드거 앨런 포[3]를 읽는 모험이었다.

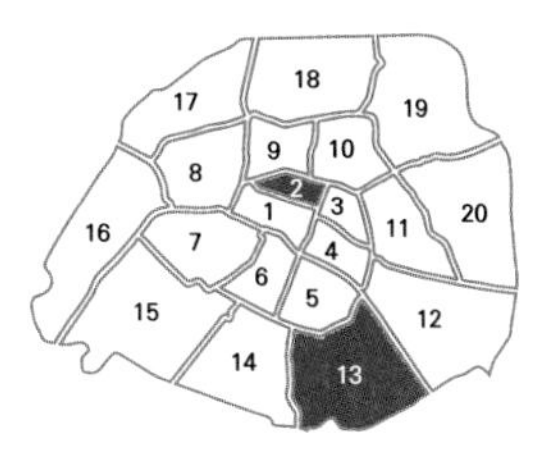

하지만 석고상 가득한 거대한 성당에서 미술 수업을 받던 생드니에서 그는 자신이 가야 할 길을 발견한다. 고등학교 졸업반 시절이었다. 그리고 스물넷에 일러스트 대행사에 들어간다. 일은 힘들었지만 흥미진진했다.

현재 그가 최우선 순위에 놓는 것은 새로운 관계로 생겨난 가족이다. 가족과 사는 아파트를 다소 좁게 느끼는 많은 파리지엔들처럼 그는 아파트를 벗어나 바다로, 시골로 여행하는 꿈을 꾼다.

"파리를 사랑해요. 하지만 파리 밖으로 자주 나갈 수 있다는 전제가 필요하죠."

2011년에 태어난 딸 빅토리아는 6학년 학생이 으레 가질 법한 열정을 가졌다. 중학교를 고를 때 부모님이 동의해 준 것에 뛸 듯이 기뻐하며, 초등학교 친구들에게 안녕을 고하고 새로운 친구를 사귈 생각에 들떠 있다.

---

3) Edgar Allan Poe. 미국의 소설가. 독창적인 스타일의 단편을 주로 썼다. 추리소설의 창시자로 간주된다.

1980년 생 안 로르

"한 나라의 DNA를 알려면 박물관에 가야 하죠."

종종 파리는 시련 속에서 일시적인 피난처가 된다. 파리의 환대를 받은 이들이 파리를 새로운 고향처럼 느끼는 것이다. 파시즘에 쫓겨 온 이탈리아인, 파리에 출산하러 온 미혼의 산모, 가톨릭으로 개종한 랍비, 뉴욕으로 떠나려는 남프랑스 사람, 엄격한 사회에서 벗어나려는 사람, 황제의 분노가 두려워 고국을 떠난 러시아 귀족까지, 모두가 파리지앵이 되었으며, 상황이 '늘 장밋빛은 아니었지만 행복해질 수는' 있었다. 안 로르가 파리에서 태어난 데는 이들 모두의 도움이 있었던 것이다.

회사 대표로서 그는 현재 파리의 문화유산과 문화적 장소에서 행사를 기획하고 있다.

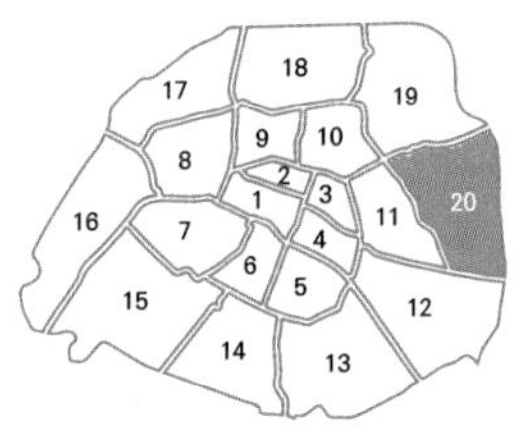

부모님은 파리 동쪽 지역에서 안 로르를 낳은 뒤 인생의 방향을 틀어 아프리카로 떠

났다. 국외 거주 교사로 일하기로 한 것. 그렇게 자라난 안 로르는 태어난 도시로 돌아와 엘렌 부셰 고등학교 그랑제콜 준비반을 거쳐 파리 좌안의 시앙스 포에 입학한다. 그의 짐 가방 안에는 모로코며 세네갈, 코트디부아르 물건들이 가득했다.

이제 혼자인 그는 스스로를 거의 외국인처럼 느낀다. 그는 파리를 이해하고 싶다. "한 나라의 DNA를 알려면 박물관에 가야 하죠." 박물관, 전시회, 공연, 오페라 등, 안 로르는 여행객 같은 기분을 떨쳐 내려고 파리의 문화를 게걸스레 소비한다. 이 모든 것을 즐기며 자신의 자양분으로 만들어 간다. 그에 대한 보상은? 행정 분야에서 첫 경력을 쌓은 뒤 그는 회사 대표가 되었다. 코로나 봉쇄 조치로 인해 문화가 있는 삶과 파리의 정수라 할 식도락 문화가 잊힌 것을 안타까워하며 그는 파리의 문화유산 및 문화적인 장소에서 여러 행사를 기획하고 있다.

1980년 생
프리실리아

"의상 제작 일을 위해 패션계를 떠났어요.
패션은 단지 보이는 게 전부지만,
이 일은 아름다움보다는 정확성을 추구하거든요."

영화 의상 제작자가 된다는 것은, 움직임과 장치, 해당 배우에 대해 공부하는 것이다. 그리고 창고를 뒤져 찾아낸 의상에 생명을 불어넣기 위해 옷을 해지게 만든다.

프리실리아는 두 개의 삶을 시속 100킬로미터 속도로 살아간다. 하나는 10대 딸을 키우는 싱글맘의 삶, 다른 하나는 열정적인 영화 의상 제작자로서의 삶이다. 매일매일이 쉽지 않지만, 그의 열정은 불꽃과도 같다!

보헤미안 기질이 있는 부모님은 예술적이며 창의적인 분들이었다. 아버지는 갑작스럽게 크뢰즈[1]로 떠나 은둔자로 살기로 한다. 그는 그

1) la Creuse. 프랑스 중서부에 위치한 지역.

대로 너무 이른 이혼과 촬영장에서의 삶을 준비해야 했다. 커리어 플랜 같은 건 없었다. 홀로 딸을 키우는 상황도 예상에 없던 일이다. 프리실리아는 문제를 알아서 해결해야 했다. 그렇게 빠르게 독립했다. 그러다 패션 잡지 기자로 일하며 만난 사람들을 통해 새로운 길로 접어든다.

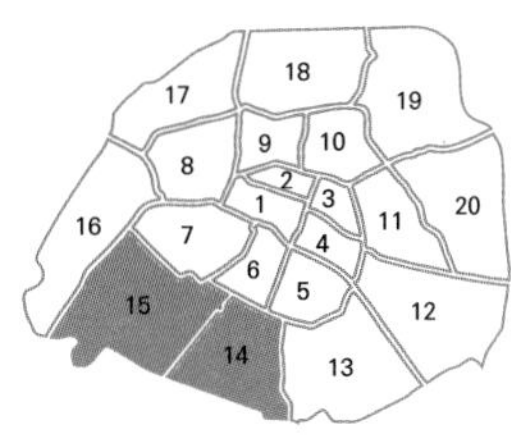

"의상 제작 일을 위해 패션계를 떠났어요. 패션은 단지 보이는 게 전부지만, 이 일은 아름다움보다는 정확성을 추구하거든요."

적절한 의상을 찾는 일은 시나리오를 연구하고 분위기며 움직임, 장치, 배우를 이해하는 것이고, 때로는 캐릭터를 정의하기 위해 싸우는 일이다. 그런 다음 창고에서 물건을 뒤지고, 변형을 가하고, '옷을 낡아 보이게 만들거나, 옷에 피를 묻히고…….' 이런 작업들이 그의 전문 분야다. 촬영 일정은 유연한 편이지만, 일과 엄마로서의 책임감을 어떻게 조화롭게 만들지 고민해야 한다. 종종 젊은 베이비시터의 도움을 받으며, 그리고 늘 넘치는 사랑으로, 10대인 딸에게 든든한 기둥이 되어 주려 한다.

"힘들 땐 나 자신에게 말한답니다. 딸은 제대로 헤쳐 나갈 것이고 행복한 어른이 될 게 틀림없다고요."

프리실리아는 지금, 인생을 보다 즐기기 위해 속도를 늦추는 법을 익히는 중이다.

1981년 생
힌다

"어머니는 홀로 우리를 키우셨어요."

튀니스 출신 젊은 남자가 오페어를 하러 온 젊은 모로코 여자와 만난다. 둘은 첫눈에 반한다. 그리고 1981년 파리 18구에서 힌다가 태어난다. 하지만 부부는 가족의 무게와 처음 겪는 어려움 앞에 무릎을 꿇는다.

식당 일은 사람을 지치게 한다. 코로나19, 파업, 테러, 노란조끼 시위 등의 틈바구니에서 이 일은 꽤나 버겁다.

웨딩드레스를 만드는 어머니를 위해 모델 역할을 하던 힌다는 패션 디자인 관련 학위를 따려는 꿈을 꾼다. 그러나 경제 위기와 생산 부문 해외 이전이 진행되는 것을 본 어머니는, 딸이 꿈을 좇기보다 대학에 진학하기를 원했다. 힌다는 대학에 들어가 만난 첫사랑과 딸을 낳았다. 그는 음악 분야에서 일자리를 얻었고, 미래에 대한

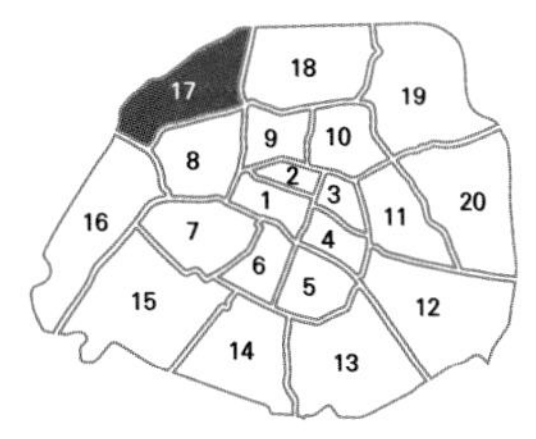

BUDDY HOLLY

JANVIER

걱정 없는 안정적인 생활을 꾸려 간다.

그러다 불행이 연이어 찾아왔다. 이혼과 정리 해고가 그를 강타하면서, 매달 말일이면 재앙과 같은 현실에 몰리게 된 것이다. 그는 패션디자인 교육을 받고 나면 물위로 머리를 내밀 듯 상황을 바꿀 수 있으리라 생각했다. 하지만 제안 받는 일이라고는 최저임금을 받는 견습 수준의 자리뿐이었다. 힌다는 외식산업 분야로 방향을 틀기로 한다. 육체적인 피곤에도 불구하고 사람들과 접촉하며 얻는 즐거움이 있는 일이었다. 하지만 수입을 보충하려면 여전히 팁에 의존해야 했다. 그 와중에 두 번째 연애도 잔혹하고 처참한 경험으로 끝나고 만다.

힌다는 인생의 폭풍 속에서 천천히 회복해 나가는 중이다. 변호사와 치료사—모두 여성인—의 도움이 컸다. 그 모든 일을 겪고 난 그에게 두 아이와 일은 삶의 나침반과도 같다.

몇몇 여행객들에게 파리는 '세계의 여덟 번째 경이로움'으로 남는다. 하지만 힌다는 '누군가는 모든 것을 가졌으나, 다른 누군가는 노력에도 불구하고 거의 아무것도 손에 넣을 수 없는' 이 도시의 모습을 안다. 외국계 여성은 파리에서 여전히 맞서 싸워야 할 것이 많다.

1982년 생 에밀리

"700명이 근무하는 실험실에서 일해요.
의약품 산업 쪽에서는
그리 크지 않은 중소기업 정도 규모라고 할 수 있죠."

분주한 손동작, 소통이 잘되는 웃음으로 에밀리는 세계 미용의학 회의에서 주목을 받았다. 시앙스 포를 졸업한 그는 미용의학에 특화된 제약 회사에서 마케팅 담당 임원으로 일한다. 에밀리는 기술 혁신의 기회를 노리는 동시에 투자 위험을 간파하기 위해 법률적인 변동 사항을 주의 깊게 관찰한다. 나날이 반경을 넓혀 가는 이 분야에서 소송은 회사에 치명적일 수 있기 때문이다.

다른 대도시 여성들처럼 파리지엔 역시 미용의학을 이용하지만, 그런 와중에도 자연스러움을 추구한다.

현재 빠르게 일반화되는 성형 수술은 남성뿐 아니라 젊은 세대까지 흡수하고 있으며, 암 환자를 위한 해결책을 내는 역할도 하고 있다. 그

2

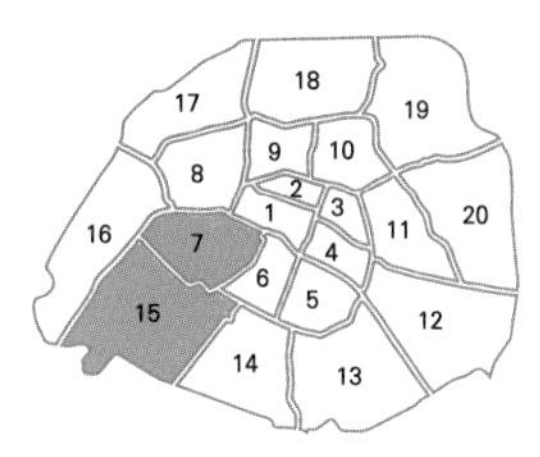

러나 에밀리가 보기에 여전히 파리지엔에게는 자연스러움이 먼저다.

에밀리는 이쪽 일이 즐겁다. 사치품과 화장품을 어떻게 연결할지 구상하는 그의 머릿속은 여러 기획으로 꽉 차 있다. 이 열정 덕에 사생활도 외출도 희생하는 일 없이, 가끔은 집에서까지 다량의 업무를 소화할 수 있었다. 에밀리는 자신이 얼마나 운이 좋은지 알고 있다. 세 아이를 낳았고, 행복한 부부 생활에다, 아름다운 동네에서 일하며 살고 있으니 그렇지 않은가.

"나는 비눗방울 속에 있답니다."

그가 웃음을 터트리며 인정한다.

1983년 생
셀린

"어떻게 범죄자가 되었는지, 어째서 그런 일이 벌어졌는지, 판사에게 설명하는 것이 내 업무의 핵심입니다."

"파리는 센강 좌안左岸과 우안右岸으로 나뉘죠. 파리 서쪽 사람과 동쪽 사람이에요."

하나의 도시지만, 그 안에 얼마나 많은 수의 삶의 방식이 있는지…….

뤽상부르 공원에 가면 언제든 나이를 따지지 않는 파리지앵들의 페탕크[1) 동호회 경기를, 관광객들과 뒤섞여 게임을 즐기는 체스 선수들을 볼 수 있다.

파리에서 태어난 셀린은 사춘기 직전 투렌Touraine으로 이사했다. 셀린은 방학이면 늘 '마음의 고향' 8구로 돌아왔는데, 종조할머

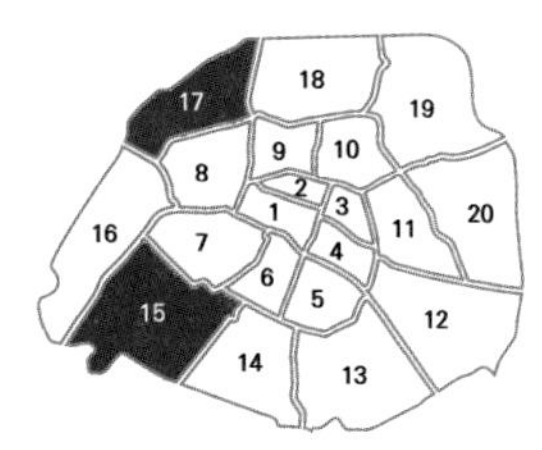

1) Pétanque. 프랑스에서 시작된 구기 운동. 금속 공을 사용해 상대보다 목표 지점 가까이 공을 던져 점수를 낸다.

6
4
2
2
NORD 1

니는 그런 그에게 자유와 자립을 가르쳤다.

"파리는 역시 파리야. 여자 혼자 돈을 벌 수 있고, 남의 눈을 의식않고 좋아하는 것을 할 수 있고, 원하는 옷을 사 입을 수도 있지. 어떤 분야에서든 일할 수 있고, 멋진 사람들을 만날 수 있는 곳이잖니."

셀린이 열 살 때 아버지가 시테 섬에 있는 법원으로 그를 데려갔다. 그는 즉각적으로 '기필코 정의를 실현하기' 위해 변호사가 되기로 한다. 분명 많은 형사 변호사들이 그렇듯 '부당함과 유년기의 상처'를 치유하려는 목적 또한 있었을 터. 그는 파리에서 변호사로 일하기로 마음먹는다. 파리 전역을 비롯해 지방에서, 유럽 다른 나라에서도 오는 그의 고객은 모든 계층에 걸쳐 있다.

"동일한 범죄를 저지른 다른 유형의 범죄자들. 내 업무의 핵심은 이런 범죄자들에게 설명하고, 때로는 그들이 이해하도록 만드는 겁니다. 그렇게 하면 판사의 처벌이 그들에게 쓸모 있는 것이 될 수 있기 때문이죠."

법원이 17구로 이전해 셀린은 현재 외곽 순환도로로 통근한다. 더 편리하고, 교통비도 적게 들고, 파리 시내의 소란과도 멀어졌다. '이 도시는 결코 멈추지 않아!' 변호사는 분쟁으로 먹고 살지만, 그는 이를 피해 집으로 달아난다. 지금 그는 어린 아들과 함께 '관광객의 기분'으로 파리를 누리며 산다.

1984년 생
아들린

“이상하게 들릴 수도 있겠지만,
내 직업은 풀타임으로 일하는 주부랍니다.”

가정주부인 아들린은 행복하다. 부모님 두 분 모두를 암으로 잃었기에 그는 가족의 소중함을 안다. 아들린은 어린 시절을 보낸 바르베와 북 역 사이 동네를 기억한다. 자신의 두 아이를 키운 5구보다는 ‘보다 다양하며 서민적인’ 곳이었다.

노트르담 성당 화재 당시, 여남은 수의 기자들이 그의 집 안으로 들어와 신문에 실을 사진을 찍었다.

팡테옹 아사스 대학 출신 법조인으로서 그는 첫 아이가 태어날 무렵 ‘자녀를 희생시키면서까지’ 일하는 여성이 되기를 거부하며, 몸담았던 주택 지원 협회를 그만둔다. 완벽한 어머니 되기라는 부담감 속에서 느긋한 마음으로, 즐겁기만 하다면 일정 수준의 뒤죽박죽은 받아들인다.

“두 아이는 함께 자요. 한 명이 우스꽝스러운 행동을 하고, 다른 아이

DAUMIER

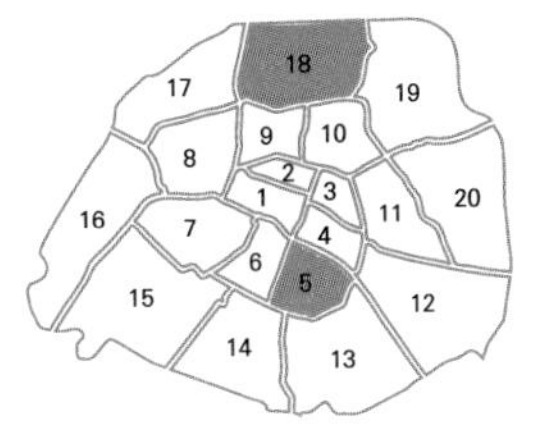

는 깔깔대죠."

아들린은 상황을 이렇게 정리한다.

"내가 아이들과 함께 보낸 시간은 아이들을 위한 시간이에요."

이런 공생은 그에게는 기쁨이다. 그는 독서를 좋아하는데 아들도 마찬가지기 때문이다.

남편의 지원 속에서 아들린은 종종 가사도우미의 도움을 받는다. 타인에게 더 도움을 주기 위해서다. 공감이야말로 그의 에너지인 까닭이다. 오랫동안 퀴리 연구소Institut Curie에서 자원봉사자로 일하며 그는 도서관을 관리하고, 외로운 암 환자들을 방문했다.

이타주의가 유독 무겁게 느껴지거나 마음을 어지럽힐 때 아들린은 '인큐베이터' 같은 집으로 몸을 피한다. 고양이 하숙을 치는 것도 빼놓으면 안 된다. 사람은 천성을 바꾸기 힘든 법이니까!

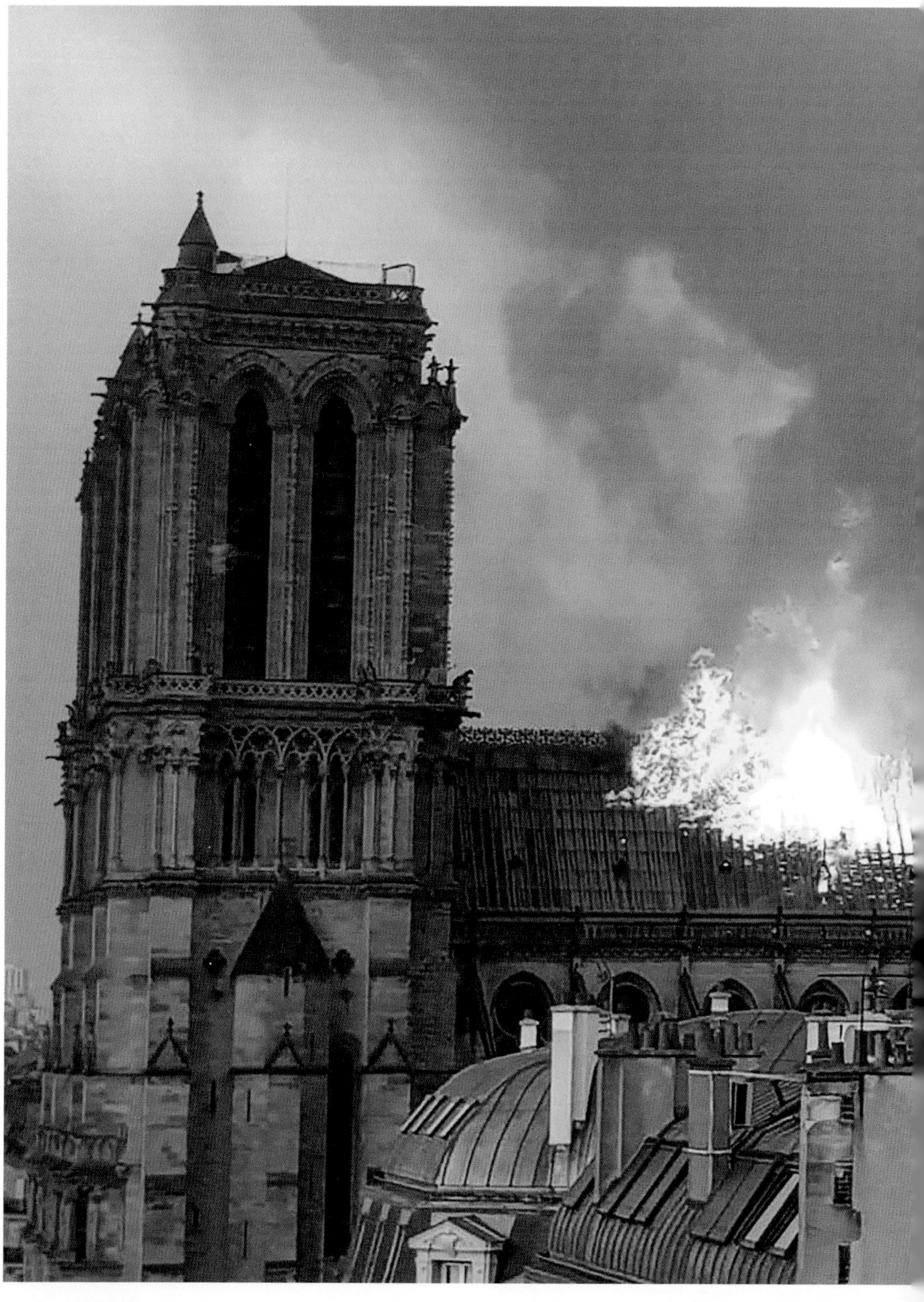

BUS

1986년 생 줄리아

“인생의 여정에서 길을 바꾼다는 생각을 받아들이면 늘 뭔가를 발견하게 되는 법이에요.”

2015년 11월 13일, 그는 자신을 완전한 파리지엔으로 느꼈다.

줄리아에게는 16구에서 보낸 어린 시절의 기억이 그리 많이 남아 있지 않다. 어머니의 나라 이탈리아는 그에게 오랫동안 피아첸차Piacenza라는 도시로 국한되어 있었다.

정신과 인턴 과정에 들어가면서 그는 파리를 재발견한다. 일하며 만난 이탈리아인 환자들로부터 다양한 억양을 지닌 이탈리아를 알게 되었다. 그의 아이들은 국제 도시 파리에서 태어났고 아이들의 아버지는 중앙아프리카 출신이다. 줄리아는 그에게 통보했다. “나와 함께 살기 원하면 파리에서 살아야 해. 싫다면 다른 여자를 찾아봐.”

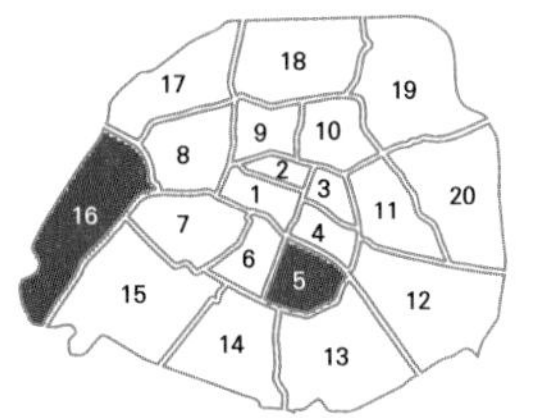

줄리아는 10년 동안 병원 일정에 맞춘 삶을 살았다. 이는 정신과 의사가 되려면 반드시 거쳐야 하는 단계로, 의사로 완성되는 기간이었고 생산적인 시간이었으나 속박이기도 했다. 상당한 업무량과 더불어 작은 아파트에서 세 아이를 키우며, 계획을 세우고, 내 아파트를 갖기까지는 긴 시간이 필요하리라는 것을 받아들이는 데는 강한 정신력이 필요했다.

분 단위로 돌아가는 이 도시에서 정신적인 부담이 너무 무겁게 느껴지던 무렵, 그는 내키지 않지만 프리랜서로 일하기로 한다. 그리고 가족과 보내는 시간을 되찾는다. 무프타르 거리의 활기며, 파리 식물원 산책을 즐길 수 있게 된 것이다.

"인생의 여정에서 길을 바꾼다는 생각을 받아들이면 늘 뭔가를 발견하게 되는 법이에요."

부부가 공간의 여유가 있는 아파트를 찾은 뒤로 이전까지 느끼던 압박감은 줄었다. 하지만 줄리아의 마음 깊은 곳에는 언젠가 다시 병원으로 돌아가 일하겠다는 확신이 자리하고 있다.

1987년 생
레슬리

“크레이지 호스에 합류했을 때 나는 겨우 스무 살이었어요. 4년 계약으로 무대에 올랐죠. 다른 모든 직업들에서 겪는 어려움과 전혀 다를 게 없는 어려움을 겪었어요. 진정한 인간적 경험이라 부를 만하죠.”

크레이지 호스[1] 무대의 커튼이 열린다. 흡사 근위병 군대를 보는 듯한 한 치의 오차도 없는 인상적인 사열이 펼쳐진다. 그 중앙에 서 있는 레슬리, 부모님의 눈은 오직 딸을 쫓는다. 레슬리는 웃으며 열을 맞춘다. 키 큰 댄서의 자리는 언제나 가운데인 법이다.

과거 카날 지구에는 레스토랑도, 바지선도 없었다. 아무것도 없던 이 지역은 현재 매우 활기찬 곳으로 변했다.

과거로 돌아가 보자. 레슬리는 어머니가 경찰학교에 다닐 때 파리

1) Crazy horse. 파리의 카바레. 물랭루즈, 리도와 함께 3대 카바레로 꼽힌다. 1951년 개장했다.

에서 태어났다. 유년기 초반을 마르티니크[2] 에서 보내고, 별다른 이유 없이 19구로 돌아왔다. 그는 일곱 살에 발레를 접하고 레슨을 받기 시작했다. 크레이지 호스에 들어갔을 때, 그의 나이 겨우 스무 살. 4년 계약을 하고, 반짝이는 무대 의상과 루부탱[3], 라스베이거스를 알게 된다. 웃음과 눈물, 경험 많은 댄서들과 보낸 시간들. 다른 모든 직업들에서 겪는 어려움과 전혀 다를 게 없는 어려움이 존재하는, 진정한 인간적 경험이었다. 레슬리는 카바레의 정해진 안무에서 벗어나 보다 다양한 퍼포먼스를 배우기 위해 뉴욕으로 건너간다. 댄서의 다양성을 인정하는 단체가 많은 곳이기 때문이다.

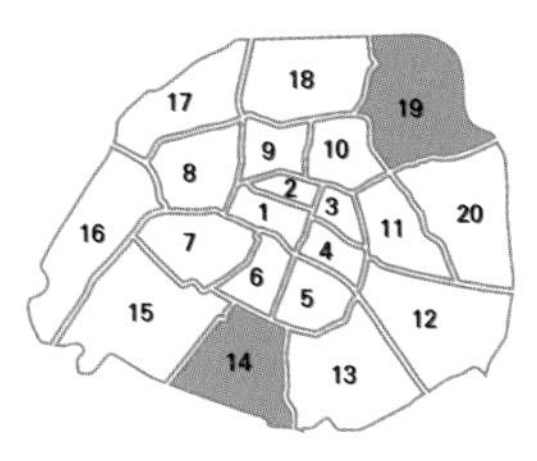

딸 하나를 둔 엄마—곧 아들을 낳는다—인 그는 이제 제과 쪽으로 직종을 바꾸려 한다. 파리의 유명 셰프들 밑에서 익힌 기술과 맛을 서인도제도의 풍미에 적용해 보기 위해 마르티니크로 떠날 계획을 세워 두었다.

그는 마르티니크에서 아이들을 키우고 싶다. 아이들이 자연과 사람, 남성과 여성 모두를 존중하고, 개인주의가 덜한 환경 속에서 마음을 터놓고 살아갔으면 한다.

"우리는 공동체의 일부분이죠. 다 함께 조화롭게 살아가려면 각자가 맡은 자리에서 제 역할을 해야 해요."

---

2) Martinique. 카리브해에 면한 프랑스 해외 영토.

3) Louboutin. 디자이너 크리스티앙 루부탱이 만든 패션 브랜드. 보기만 해도 아찔한 고급 스틸레토 구두로 유명하다.

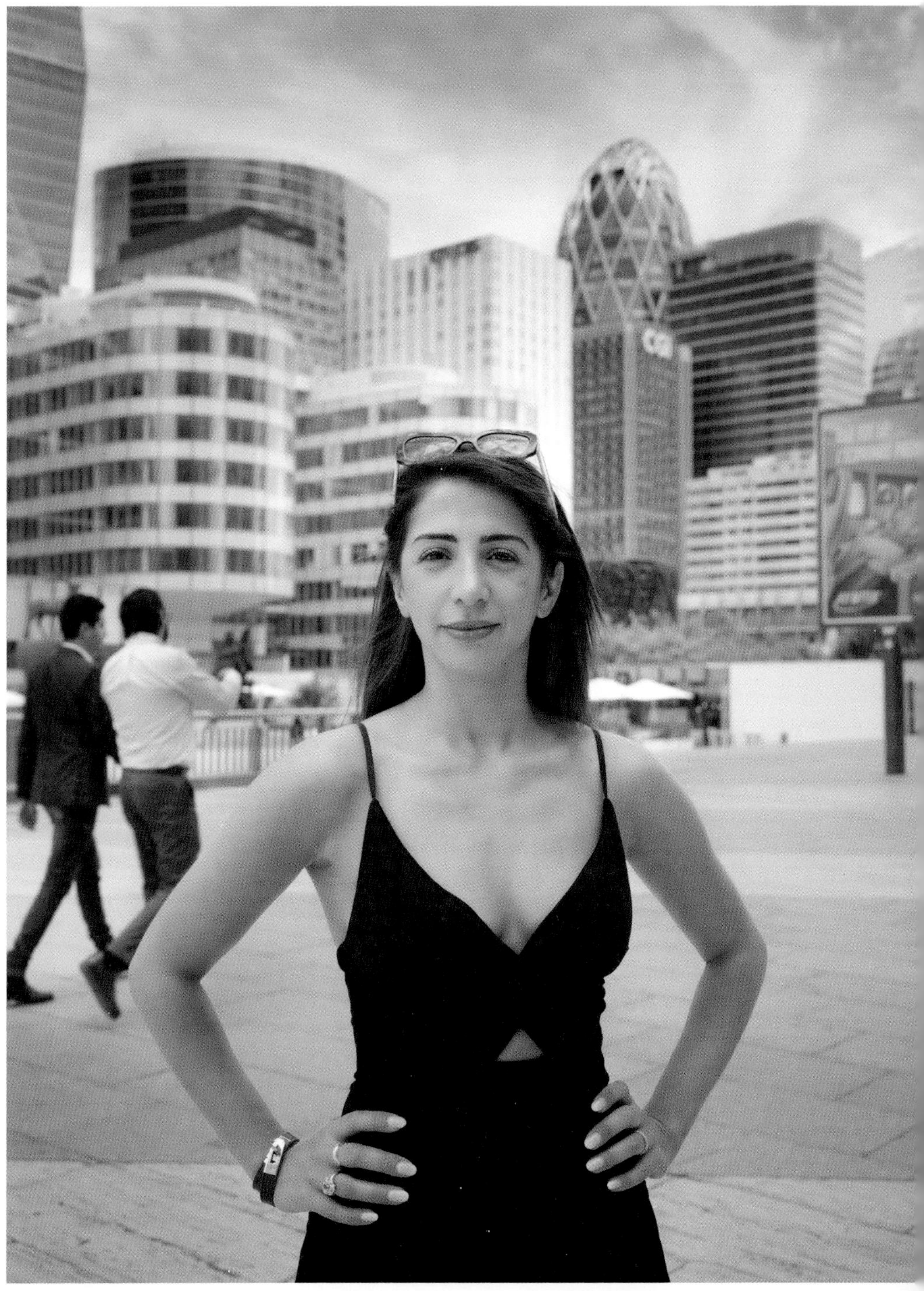

1987년 생
소니아

"나에게 파리는 자유를 누리는 곳이에요. 사람들이 파리의 문화를 마음껏 즐기고 자신이 사는 곳의 경계를 벗어나기를 꿈꿔요."

> 그가 처음으로 시위에 참여한 것은 2006년의 일로, '최초고용계약'[1] 반대 시위였다.

아버지의 가출로 인해 반항적이고 혼란스러운 사춘기를 보낸 소니아는 극단적인 행동으로 어머니를 걱정하게 만든 시절이 있었다. 열네 살에 아버지를 되찾았을 때, 그는 그의 일부이기도 한 아버지의 존재로 인해 마음이 편안해졌다. 하지만 아버지는 얼마 안 돼 돌아가신다.

"엄마를 많이 힘들게 했어요. 하지만 사람들을 만나고, 파리를 알아가면서 나의 젊음을 탐구하던 시기이기도 했죠."

---

1) 26세 이하 피고용인에게 수습 기간 2년을 적용하고, 이 기간 내 해당 직원에 대한 정당한 사유 없는 고용인의 해고를 허용한 노동법. 2006년 3월 9일 의회 통과되었으나, 청년, 노동계, 야당의 반발과 시위로 4월 10일 폐기되었다.

601
URGENCE 01 47 73 73 73
La Défense - ESPLANADE SUD
Place
de La Défense
PUTEAUX
La Défense - ESPLANADE SUD
Esplanade du
Général de Gaulle
PUTEAUX

enedis
CGI

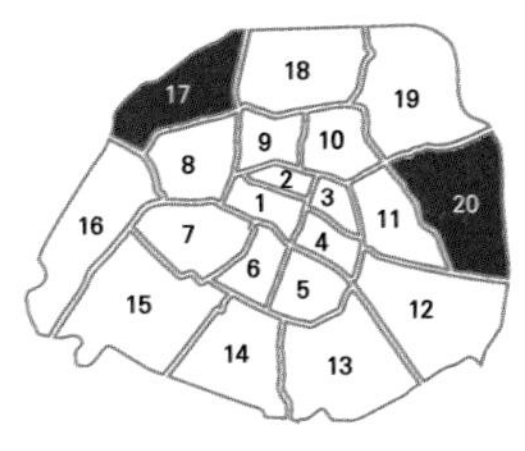

몇 번의 이사와 고등학교 전학을 이유로 소니아는 브로샹Brochant을 떠나 20구의 가족 친화적인 생파르조Saint-Fargeau로 간다. 그는 다양한 조각이 한데 모인 파리를 알게 되고 이곳을 좋아하게 되었으며, 어디서든 편안함을 느끼는 정신력을 얻었다.

여전히 대학생 신분이던 스물한 살에 그는 아이를 가지기로 한다. 혼혈인 딸과 함께 어린이집과 대학 사이를 곡예 하듯 오가며 석사 과정을 이어 갔다. 아이를 키우면서 공부하는 의미를 찾을 수 있었고, 엄마와의 관계도 편해졌다.

소니아는 대형 온라인 판매 그룹에서 기술 부문 및 관련 부서가 위치한 라데팡스 담당 매니저가 되었다. 삶의 길라잡인 그의 딸은 그로 하여금 인생의 역설도 받아들이게 한다. 딸을 위한 학교로 사회계층 간 혼합이 제한된 사립학교를 선택한 것이다.

그의 배움에 대한 애정은 힘들었던 시기에도 핵심적인 가치였으며, 여전히 페미니즘을 향한 그의 입장을 규정한다. 그는 현재의 다소 전형적인 논쟁보다는, 여성이 본인의 능력으로써 인정받는 통로가 되는 페미니즘, 더불어 여성으로 하여금 사회가 여성에게 부여한 역할을 넘어서도록 먼저 그 역할을 이해하게 만드는, 교육적인 차원의 페미니즘 편에 서 있다.

1988년 생 알렉시아

"뷔트쇼몽과 뷔트샤포루즈 사이, 어린 시절 내가 살았던 곳이죠. 작은 집들이 나란히 늘어선 좁은 골목과 작은 정원들, 아이들에겐 천국과도 같은 곳이었어요."

젊은 엄마 알렉시아는 어린이집과 연말 무대 사이에서 바쁘다. 그는 막 프랑코 아메리칸 발레 학원을 설립한 참이다. 파리의 발레 학교에서 여러 해의 수련을 마친 그가 무용수로서 공연한 곳은 미국이었다. 프랑스보다는 엘리트주의가 덜하고, 덜 규격화된 나라라 자신에게 보다 어울린다고 생각했다. 그는 '어떤 범주에도 들어가지 않는' 젊은 여성으로서 그곳에서 활짝 피어났으며 학위까지 따서 돌아온다.

그는 막 프랑코 아메리칸 발레 학원을 설립한 참이다.

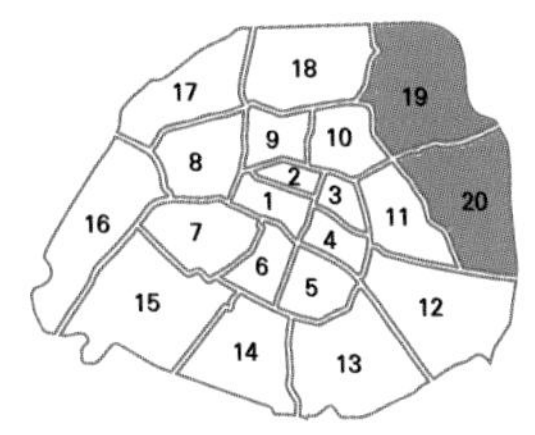

그는 유럽에서 안무 경험을 쌓아 나갔다.

하지만 늘 그의 뿌리인 파리로, 그의 기쁨인 고전 발레로 돌아왔다. 그는 수강생에게 엄격한 신체 기준을 요구하지 않는다. 학생들이 전적으로 자유롭고 유쾌한 분위기 속에서 춤을 추는 즐거움을 느끼기 바란다. 이런 방식을 선택하게 된 데는 19구에서 보낸 유년기의 영향이 있었을 터다. 무단 점거 구역과 주택 개발 단지 사이에서, 다채로우나 좋은 평판과는 거리가 멀었던 무자이아Mouzaïa는 이제는 감히 넘볼 수도 없는 고급 주택지가 되었지만, 당시에 아이들에게는 천국과도 같은 곳이었다.

알렉시아는 현재 부모님이 손녀를 마중 나오는 저택에서 사는 특권을 누린다. 뷔트쇼몽과 뷔트샤포루즈 사이에 자리한 이 지역에서, 사람들은 작은 집들이 나란히 늘어선 좁은 골목과 작은 정원들에 에워싸인다. 한번 발을 들이면 이곳을 떠나기 어렵다. 알렉시아는 여전히 길에서 소꿉친구들과 만나기도 한다. 그에게는 두 가지 꿈이 있다. 하나는 댄스 스튜디오 규모를 키우는 것, 다른 하나는 이곳에서 '정원 딸린 집'을 얻어 자신의 가정을 꾸려 가는 것이다.

1988년 생 에밀리

**"소심해지지만 않는다면 파리에서는 모든 게 가능하죠.
파리의 아름다운 것, 다양한 활동들 가운데
본인이 좋다고 생각하는 것은 뭐든 할 수 있어요."**

파리의 상징 가운데 하나인 지하철은 파리지앵 모두의 삶에 얼마간이라도 관여하고 있는 하나의 기관이다.

에밀리는 몽마르트르 마을 아래 중학교에 다니던 시절을 너무도 그리워한 나머지, 스무 살이 됐을 때 동네에서 친구들이 사는 곳 근처에 있는 스튜디오를 구했다. 그곳에서 그는 파티를 하고, 소르본에서 경제와 경영을 공부하고, 집세를 내려고 서빙과 판매도 하고, 사랑에도 빠진다. 국제도시 파리에서 에밀리의 삶은 분주하다. 파리, 정글 정찰병이었던 캄보디아인 할아버지가 인도차이나 전쟁이 끝난 뒤 고향을 떠나와 정착한 도시다.

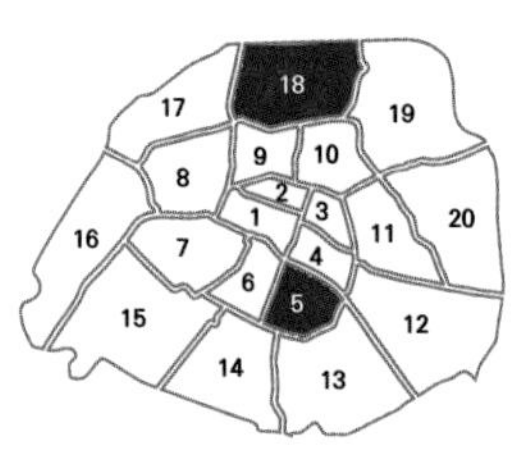

"소심해지지만 않는다면 파리에서는 모든 게 가능하죠. 파리의 아름다운 것, 다양한 활동들 가운데 본인이 좋다고 생각하는 것은 뭐든 할 수 있어요."

핀란드에서 에라스무스 프로그램[1]을 수료하고 공학 학위를 받은 뒤에도 그는 여전히 에너지가 넘쳤다. 그는 도시의 상징 가운데 하나이자, 파리지앵의 삶 속에 연결된 기관이라 할, 경쟁에 대해 열린 태도로 한창 현대화를 추진 중인 RATP[2]에서 일한다. 공사의 환경 정책 부서를 거쳐 '원자로의 핵심' 지하철 부문으로 옮겼다. 예산안, 소통 문제, 파업 등과 씨름하는 가운데 관리직이 겪는 어려움을 근거리에서 보게 될 뿐 아니라, 공공서비스가 갖는 의미에 대해서도 생각하게 된다.

갓난아기, 결혼, 뤽상부르 공원 근처로 이사……. 에밀리의 삶은 그 강도가 낮아지지 않았다.

---

1) 유럽 소재 대학들 간 교환학생 제도.

2) 파리교통공사.

1988년 생
카미유

"외국에서는 뭔가 다른 것을 발견할 수 있어서 만족했어요. 그런 경험을 즐겼죠. 그래도 나는 파리를 더 좋아해요."

카미유는 엔지니어 공부를 마칠 때까지 12구에서 부모님과 함께 살았다. 그 마지막 과정인 몽펠리에 연수 시절, 그는 캐나다, 영국, 스웨덴 친구들과 한 아파트에서 함께 살았다. 낯선 환경, 새로운 사람들과의 만남, 그리고 세계적인 회사에서 일하는 경험에 그는 매료되었다. 학위를 따자마자 캐나다로 떠날 준비에 들어갔고, 엔지니어인 남편도 동행했는데, 남편은 금방 일자리를 얻었다.

코로나19 사태 이래 노동 환경이 바뀌었다. 그는 요즘 대기업에서 원격 근무 방식으로 일한다.

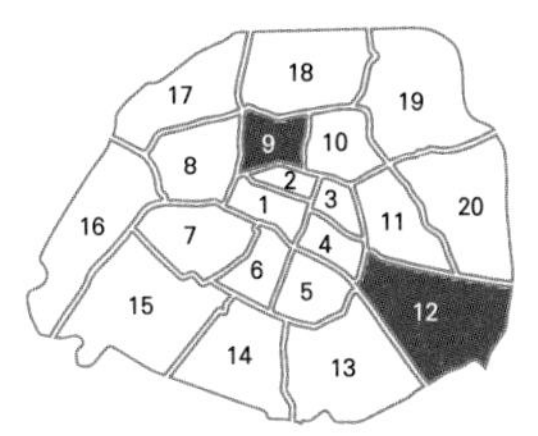

비록 긴 겨울을 견뎌야 했음에도 캐나다에서의 2년은 흥미진진했다. 직장 생활 초

기에는 모든 기회에 마음을 열고 자유롭게 임할 생각이었다. 이후 그는 두바이에서 프로젝트 매니저 일을 구했고 이때도 남편이 그를 따라와 마침내 일자리를 찾았다. 그가 몸담은 산업 분야에서는 아랍에미리트 자국민을 거의 볼 수 없었기에, 그가 직장 생활에서 또 문화적으로 경험한 것들은 기분 좋은 놀라움 자체였다. 카미유는 계속해서 적응해 나갔다.

이 국외 거주자 커플은 이제 파리로 돌아왔으며, 부모가 되었다. 현재 카미유는 에너지 관련 대기업에서 원격 근무 방식으로 일한다. 그리고 생조르주 거리의 복고풍 술집을 다시금 즐기는 삶을 살고 있다.

1989년 생 아나이스

**"난 알리그르 지역을 사랑해요.
거의 늘 문을 여는 중앙 시장에 노천 시장,
골동품 시장까지 있답니다!"**

서른셋 아나이스는 직업을 바꾸려 하고 있다. 스위스계 농산물 가공 회사의 생산 책임자로 일하던 무렵에는 그 일이 목가적인 환경에 놓인 이상적인 직업이라 여겼다. 이후 노인을 돌보는 기관에서 일하면서 보다 인간적인 일을 한다고 믿었다. 하지만 청소년 시절의 꿈이던 의료 관련 일로 돌아왔다.

서른셋 아나이스는 직업을 바꾸려 하고 있다.

그는 현재 작업요법을 공부하는 학생이다. 성공한 프로젝트들, 많은 여행들, 당시의 사회적 지위나 월급에는 아무런 미련이 없다. 그로 하여금 학비 마련을 가능하게

한 이 대범한 양보를 통해 그는 보다 만족스러운 미래를 맞을 수 있으리라.

혼자 사는 것에 익숙한—영원히 그렇지는 않겠지만— 그는 바스티유 근처 알리그르Aligre 지역에서 즐겁게 살아가고 있다. 거의 늘 문을 여는 지붕 덮인 중앙 시장, 노천 시장과 시장 안 골동품 시장이 그가 즐겨 가는 장소다. 어린 시절 쇼핑몰에서 보던 지친 사람들 무리 따위는 없는, 활기 넘치는 곳들이다.

그의 발길이 주로 닿는 장소를 꼽자면, 꽃집, 채소 가게, 일요일마다 들르는 굴 판매대, 민트 차를 마시는 찻집, 그리고 종종 전지가위를 갈러 가는 칼갈이 집이 되겠다.

1990년 생 카미유

“콩코르드 광장에 한번 가보세요. 보행자나 자전거 타는 사람들을 위한 시설이 전혀 없어요. 앉을 만한 데가 없으니 광장을 즐기는 것도 무리죠. 도로만 뻗어 있을 뿐이에요.”

> 곧 있을 2024년 올림픽은 새로운 경기장을 남기게 될 것이다. 특히 시민들에게 유용한 자전거 도로가 늘어날 것이다.

카미유는 릴라[1]의 산부인과에서 태어났다. 그곳은 임신부의 바람에 맞춰 출산 날짜를 제안한 최초의 산부인과 중 하나였다. 그는 열한 살 때 가족적인 분위기지만 다양성은 적었던, 12구 동쪽 우르크Ourcq의 운하 지역을 떠나면서 파리의 다른 모습들을 발견하게 되었다. 그랑제콜 준비반에서 불필요한 압박과 경쟁을 맛보지만, 그때의 공부는 결국 문학과 영어 이중 학위 취득이라는 충실한 결과물을 그에게 안긴다. 전문 분야로 번역을

1) Lilas. 파리 외곽에 위치한 도시.

선택한 그는 뉴욕 주 북쪽 끝 시골 소재 대학에서 1년간 강사 생활을 한다. 그렇게 이 도시 여성의 시각이 변화한다.

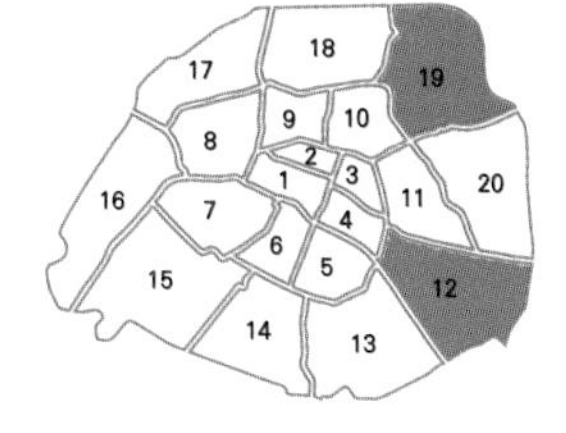

카미유는 한 미국 대학의 파리 분교에서 문화 프로그램과 학생 상담을 담당했다. 종종 구내식당 메뉴나 프랑스 사람과의 정치적인 대화 문제로 곤혹스러워 하는 학생들을 돕는 등, 상당히 인간적인 면을 지닌 일이었다. 이런 경험 덕에 그는 파리를 다른 관점에서 보게 되었고, 곧 이를 유용하게 써먹을 수 있는 일을 원하게 되었다.

"콩코르드 광장에 한번 가보세요. 보행자나 자전거 타는 사람들을 위한 시설이 전혀 없어요. 앉을 만한 데가 없으니 광장을 즐기는 것도 무리죠. 도로만 뻗어 있을 뿐이에요. 우리가 조금만 창의력을 발휘하면 살기 좋은 도시를 가질 수 있는데 말이죠."

카미유는 현재 바스티유 지역 시민 단체에 소속된 유일한 임금 노동자로서, 선출 공무원에게 자전거 타기 운동을 펼치면서 파리를 그 안에 사는 사람들을 위한 도시로 만들기 위해 일한다. 운동에 참여한 시민들은 막 첫 승리를 거두었다. 파리 시 사이클 팀이 구성되고, 새 자전거 도로가 만들어졌으며, 코로나 봉쇄 해제 덕분에 자전거를 타는 사람들이 크게 늘어난 것이다.

그는 여전히 12구에 산다. 재정적으로 불안한 상황이지만, 화물 자전거를 타고 가는 아버지와 그런 그를 따라오는 가족을 동네에서 보는 기쁨에 걱정이 빠르게 사라지는 것을 느낀다.

1991년 생
폴린

**"사생활과 일 사이에서 진정한 균형을 찾은 지금,
세상 어떤 이유로도 이걸 바꿀 생각이 없어요."**

폴린은 미식가다. 또 계획적으로 살아가는 사람이다. 중학교 3학년 진로 지도 시간에 요리가 그의 길임을 확신했다. 그는 일반 고등학교를 졸업한 뒤, 본인의 유일한 동기를 좇아 명문 요리 학교 페랑디 파리Ferrandi Paris에 입학한다. 태어나 자란 6구를 벗어나지 않은 채 책상을 주방으로 바꾼 것이다. 그는 썰고, 다지고, 생선 살을 발라내고, 닭 내장을 제거한다. 폴린은 특히 목요일이 오기를 고대하는데, 실습하는 레스토랑에서 그가 속한 조가 서른 명분의 음식을 만들어야 하는 날이기 때문이다.

그는 코로나 봉쇄 기간 동안 불우 이웃을 위한 300명분의 식사를 준비하러 가려고 통행증을 챙겨 들고 자전거에 올랐다.

"정신없이 바쁜 순간과 스트레스, 그리고 고객이 도착하는 순간을 즐겼답니다."

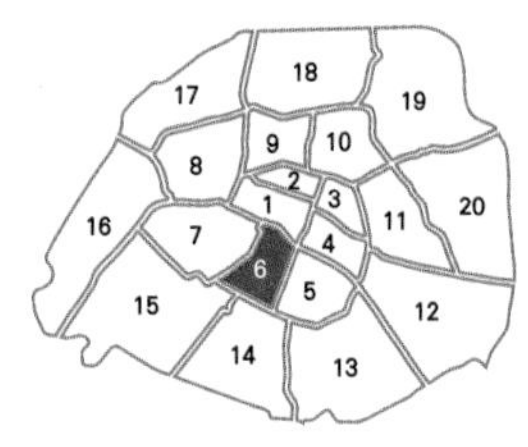

요리와 제과 학위 보유자인 그는 파리의 근사한 건물이나 미슐랭 별을 단 레스토랑에서 최고의 셰프들과 함께 일했다. 요구가 많고 계급화가 철저하며, 때로는 마초적인 데다 충동적이기까지 한 세계였다. 하지만 그가 지치거나 의기소침해 있을 때 부모님이 힘이 돼 주었다. 많은 것을 배운 시간이었다. 심지어 어떻게 '아니'라고 말해야 하는지도 배웠다.

코로나 봉쇄 기간 동안 그는 10구에서 레스토랑을 운영하는 친구들과 함께 일했다. 코로나19로 렁지스[1]의 상점이며 공급자들이 재고를 제때 처리하지 못하던 상황이었다. 그 무렵 폴린은 극빈층을 위해 무려 300인분의 식사를 준비했다. 불확실성의 시기에 빛난 아름다운 협업이자 진정한 상부상조의 예가 되겠다.

'경영진'에 합류하고부터 폴린은 일과 사생활의 균형을 유지할 수 있게 되었다. 부담 없이 친구를 만나고 몽파르나스 지역에서 즐거운 시간을 보낸다. 그는 한 대기업 경영진과 그들의 고객을 위한 메뉴를 준비하면서, 전통 레스토랑에서 하듯 자신의 메뉴를 매일매일 갱신한다. '매 순간 고객을 만족시키는 것'이 그의 목표다.

---

1) Rungis. 파리 외곽에 위치한 대형 시장으로, 신선 식품 시장으로는 세계 최대 규모이다.

1992년 생

알렉시아

"샤를리 에브도 테러는 처음 겪는 충격적인 사건이었어요. 파리에 사는 것에 처음으로 불안을 느끼게 되었죠."

"이 동네를 사랑해요!"

오늘도 알렉시아는 말한다. 그를 만나러 상티에Sentier로 놀러 오는 친구들을 기쁘게 하는 말이다. 사람들이 시간을 어떻게 보내야 하는지 아는 이 정겨운 멜팅팟에서, 그들은 이런 분위기에서 저런 분위기로 옮겨 가는 일이 어렵지 않다.

> 프랑스의 1998년 월드컵 우승은 최초로 경험한 집단적 환희였다. 모두가 외쳤다. "지주[1]를 대통령으로!" 그는 정말로 지주가 대통령이 될 거라고 생각했다.

알렉시아는 파리 카르티에 데테Paris Quartier d'été 축제 기간에 문화 지

1) Zizou. 프랑스의 국민적 축구 스타 지네딘 지단의 별명이다. 그는 1998년 월드컵 결승전에서 브라질을 상대로 두 골을 넣었다.

도사로서 처음 일을 시작했다. 조각가 어머니를 둔 그는 늘 예술과 박물관, 오페라에 대한 열정이 있었지만, 자신의 소심하고 얌전한 성격이 뭔가를 만들어 내고 이를 전시하는 일에 적합하지 않다는 것을 알았다. 그래서 빠르게 방향을 전환해 공연 예술인 발레의 세계로 들어갔다. 그는 행정 부문 담당으로, 공연이 제대로 진행되는지 확인하는 작은 일개미와 같은 자세로 일했다.

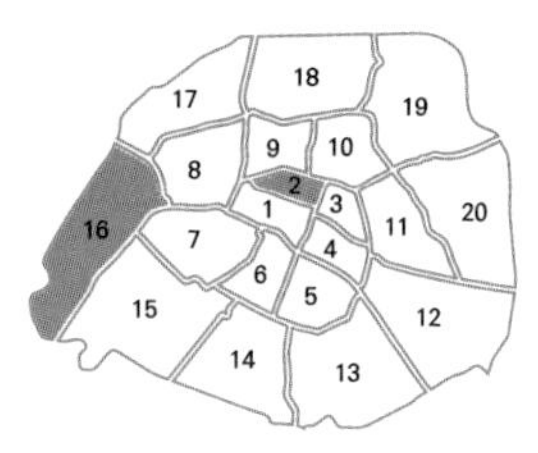

현재는 공공 극장 의전 책임자다. 예술가, 전문가, 기자, VIP 및 관료들에게 초대장을 보내는 꽤 정치적인 성격을 띠는 일을 하고 있다. 알렉시아는 이 흥분되는 업무에서 임금에 반영되지 않는 형태의 요구, 즉 언제나 준비된 상태로 있어야 한다는 이면을 본다.

큰 축제가 열리고 사람들이 모이는 때가 그에게는 휴식 시간이다. 그는 가족과 함께 요리를 하면서 그 시간을 채운다. 코로나 봉쇄 덕에 그는 동화책에 들어갈 삽화를 다시 그리기 시작했다. 그가 행정과 창작의 세계를 가르는 선을 건널 수 있을 만큼 멀리 나아가 자신의 창의성을 받아들이게 될까?

LA
GOUTTE
D'OR

1993년 생 샤이라

1994년 생 이멘

"우리는 라샤펠에 있는 흙이 깔린 운동장에서 축구를 시작했어요. 그 운동장은 2024년 올림픽을 위해 재건축돼요."

18구 구트도르Goutte-d'Or에 사는 여러 가족들에게 이멘과 샤이라는 언제나 '동네 축구선수'였다. 유치원에 다닐 때부터 자매는 쉬는 시간에 남자아이들과 축구를 했다. 하교 후에는 레옹 광장에서 남자아이들과 축구공을 가지고 놀았다. 이 동네 아파트는 좁아서 아이들은 대체로 밖에서 놀았다. 부모님은 불평하는 이웃의 말을 못 들은 척하셨다. 결국 큰언니가 근처 축구 클럽에 자매를 등록시킨다.

샤이라는 교통경찰이며, 이멘은 여자 축구 홍보를 위한 활동을 하고 있다.

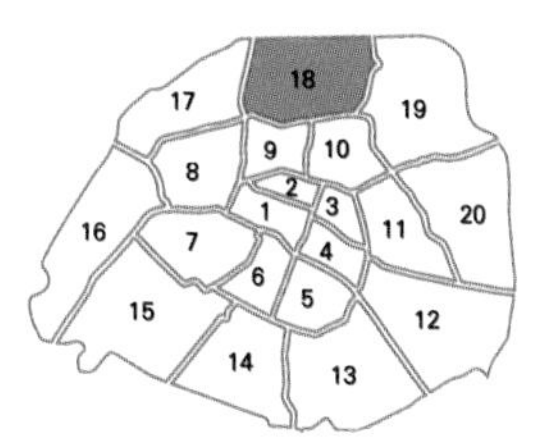

둘은 늘 남자아이들과 함께였다. 이 선택에 페미니즘의 관여는 없었다. 오로지 축구

GAMBIE
9
9

를 향한 열정을 따른 것뿐이다.

열네 살이 되었을 때 마침내 남자아이들과 섞이지 않을 수 있었다. 자신들의 여성 축구팀을 강화하려는 외부 클럽이 두 사람에게 제안을 해온 것이다. 하지만 샤이라와 이멘은 이곳에 남기로 한다. 그들에게는 애정이 깃든 곳이자, 모두가 서로를 알고 도우며 살아가는 곳이기 때문이다. 대신 자매는 '위대한 한 남자'를 감독으로 둔 여성 팀을 만든다. 시작은 다소 엉성했지만, 곧 제대로 방향을 잡아 나간다.

그들은 딸만 다섯인 집에서 자랐다. 딸들에게 '모든 것을 가르쳐 준' 엄마의 이른 죽음을 겪으며 다섯 자매는 결속되었다. '자매들 모두가 서로의 친구'다.

그들은 이제 막 둥지를 떠나 날아오른 참이다. 샤이라는 교통경찰이며, 이멘은 여자 축구 홍보를 위한 활동을 하고 있다. 두 사람 모두 파리 북 역에서 15분 거리에 산다. 고령의 아버지는 여전히 토요일마다 딸들의 축구 경기를 보러 온다. 비가 오나 눈이 오나.

1994년 생
아시탕

**"나는 운 좋게도 구트도르 지역에서 태어났어요.
모든 게 내 손안에 있죠. 교통수단, 멋진 건축물과 기념물 하며,
주요 행사들까지……. 다 이 동네에서 누리는 것들이에요."**

아시탕의 머릿속은 계획으로 가득하다. 그는 이를 잘 전달하는 기술도 있다. 계획은 곧 현실이 될 테니……. 그는 아버지를 닮았다. '불굴의 전사'인 아버지는 자식에게 더 나은 미래와 교육의 기회를 주기 위해 아내와 함께 말리Mali를 떠나 파리로 왔다.

가장 멋진 추억 중 하나를 꼽는다면? 부모님이 그의 첫 번째 맞춤형 트럭을 보고 흡족해 하셨을 때.

"나는 운 좋게도 파리에서, 구트도르에서 태어났어요. 모든 게 내 손안에 있죠. 교통수단, 사크레쾨르Sacré-Cœur 성당 같은 멋진 건축물과 기념물 하며, 주요 행사들까지……. 다 이 동네에서 누리는 것들이

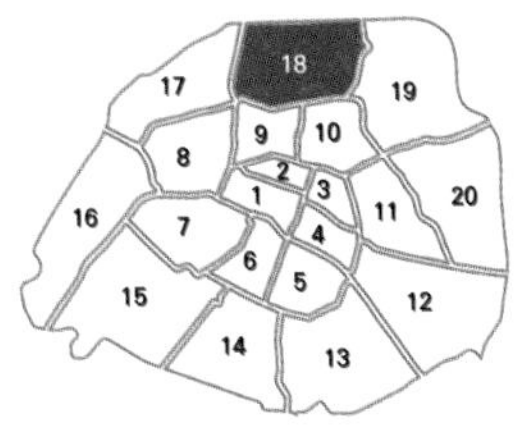

에요.”

아시탕은 아버지가 쏟은 노력에 부응했다. 건축 학사 학위를 받았고, 인테리어디자인 자격증을 취득했으며, 캐나다에서 진행하는 한 프로젝트 참가 자격을 얻었다. 그는 아이들의 행복을 위해 악착같이 일하는 엄마 또한 닮았다. 8년의 시간을 농구 코트에서 보낸 뒤 어린 선수들을 가르치게 된 것이다. 안타깝게도 업무 중 사고를 당한 엄마가 혼수상태에 빠지게 되면서 그만둘 수밖에 없었지만.

그리고 엄마의 일을 대신하기로 결심한 아시탕. 지하철 환경미화원이라는 고된 생활을 시작한다. 엄마가 일할 때 입는 큰 상의를 걸치고 복도며 계단을 청소하면서 엄마와 내면 깊숙이 연결된다. 만약 엄마가 자식을 위해 본인의 행복을 희생한 거라면? 만약 이게 딱히 특별한 경우도 아닌 거라면? 행복한 아이는 엄마를 행복하게 하지만, 그 반대의 경우도 마찬가지일 거라고 아시탕은 생각했다.

엄마의 건강이 회복되는 동안 그는 숙고하고, 소통하며, 설득한 끝에 단체를 하나 설립하기에 이른다. 돈도, 유모를 고용할 여력도 없어 스스로를 챙기는 데 애로를 겪는 엄마들에게 운동과 육아, 식단 등을 교육하고 말하기를 통한 일상에서의 탈출을 제공하는 단체다.

아시탕은 머릿속에서 소용돌이치는 모든 새로운 계획들을 이미 실행에 옮기고 있다. 더불어 올림픽 준비가 한창인 파리에서 그의 첫 번째 아이디어가 방향을 잡아 가는 중이다. 당사자가 체육관으로 이동하기 힘든 경우 체육관이 ‘맞춤 트럭’ 형태로 그들에게 가는 것이다. 움직이는 체육관이다. 모든 것이 2024년까지 준비되리라!

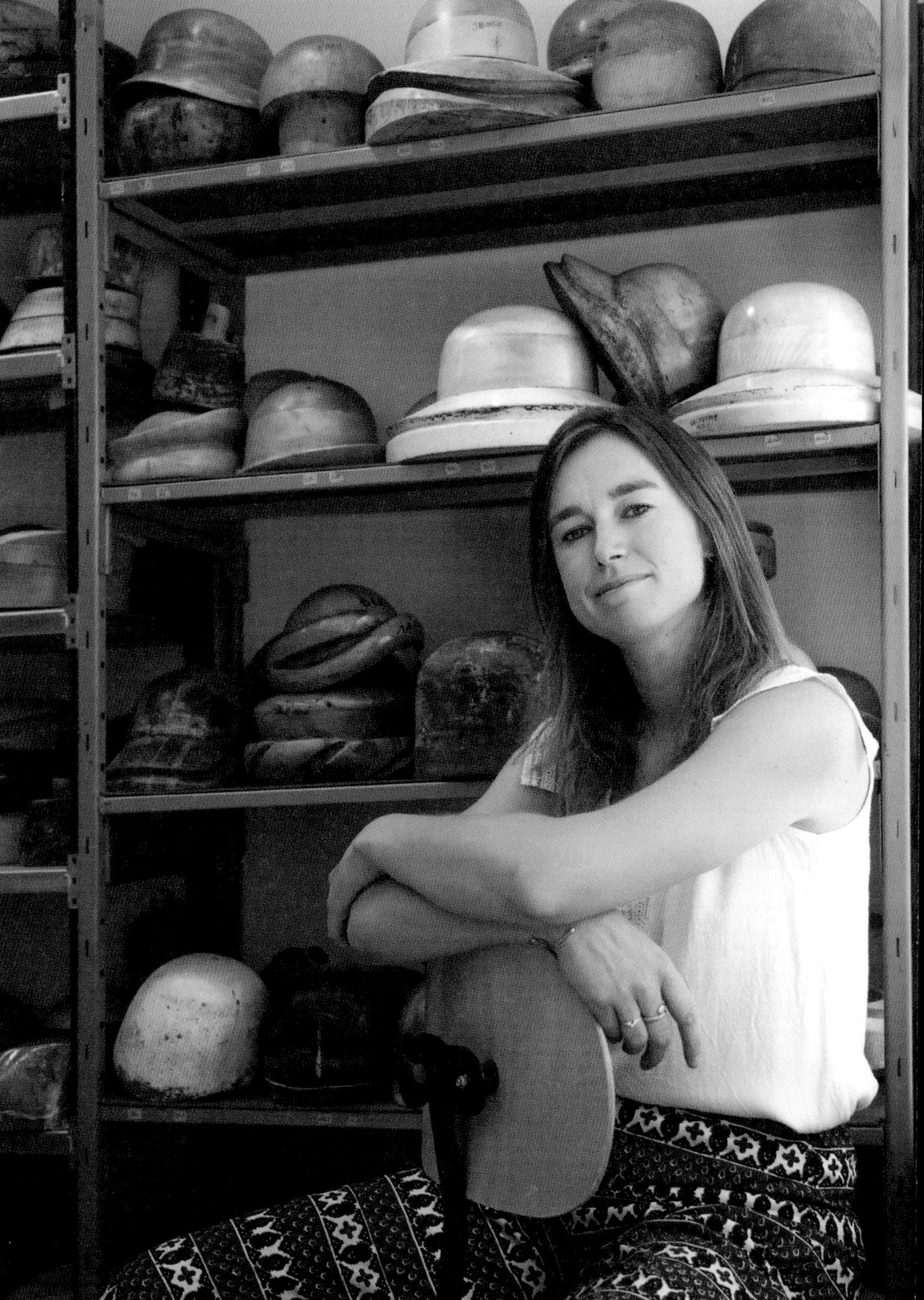

1994년 생
마르그리트

"뭔가를 더 추가하면, 할 수 있는 일이 더 많아지죠.
결정은 신속하게, 그리고 위임. 의지할 수 있는 팀과 일하니까요."

"아가씨, 열아홉 살이라고 했죠. 본인이 생각하는 게 맞는다고 확신할 수 있나요?"

그럼요. 노르망디에서 우연히 만난 모자 상인이 황금 손을 가졌음을 확신한 마르그리트의 대답이다. 마르그리트는 그에게 파리에 매장을 열고, LA라는 세련된 프랑스 모자 브랜드를 만들자고 제안하는데, 실속 없이 하는 말이 아니었다. 마르그리트는 그의 노하우와 나무로 된 아름다운 모자 틀에 가치를 부여하고 싶었다.

스물여덟이 된 마르그리트는 고객의 잘못된 생각을 일깨우는 일에 결코 지치는 법이 없다. 수줍게 매장으로 들어와 자신은 모자가 어울리지 않는 머리를 가졌다고 단언하는 손님에게, 그는 본인에게 어울리는 모자를 찾지 못한 것뿐이라고 알려 준다.

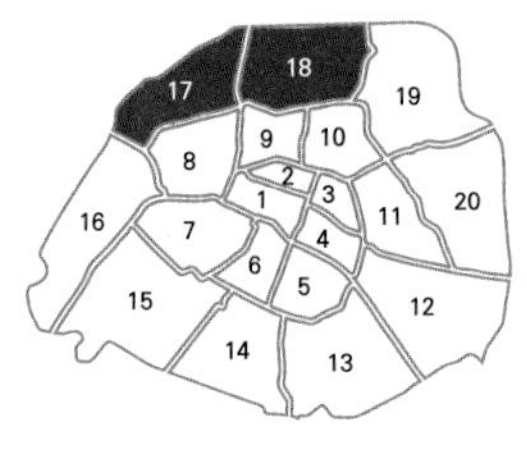

열정과 솔직함을 추구하는 그를 붙들어 세우는 것은 아무것도 없었다. 그처럼 견고한 배경을 가진 경우라면 더욱 그렇다. 그는 이미 바칼로레아를 통과한 뒤, 그랑제콜 준비반을 거쳐 그의 계획을 떠받쳐 줄 상업 그랑제콜에 합격했던 것이다. 엄마 역시 사업에 합류해 그의 창의성과 좋은 재료에 대한 딸의 취향을 지지해 준다.

형제 많은 가정의 맏이이자 굳센 성격을 지닌 마르그리트는 융자를 얻어 봉마르셰Bon Marché 근처에 매장을 열었다. 센강 좌안에 발을 들여놓을 일이 거의 없던 그였지만 이곳이 진정성과 미를 추구하는 지역임을 발견한다. 클로슈와 중절모로 성공을 거둔 뒤, 바로 마레Marais 지구에 두 번째 매장을 열었다. 이후 공방도 하나 만든다. 공방은 금세 너무 작게 느껴졌으나, 그로서는 별반 상관없었다. 20구에서 새 공방을 하나 더 찾았으므로. 만드는 모자의 종류가 다양해진다.

이제 스물여덟이 된 마르그리트는 고객의 잘못된 생각을 일깨우는 일에 결코 지치는 법이 없다. 수줍게 매장으로 들어와 자신은 모자가 어울리지 않는 머리를 가졌다고 단언하는 손님에게, 그는 본인에게 어울리는 모자를 찾지 못한 것뿐이라고 알려 준다. 그리고 트릴비, 헌팅 캡, 페도라, 플로피 햇 등 다양한 시도를 해보기를 권한다.

아버지의 조언을 좇아 마르그리트는 자신의 일정표를 결정을 내리고, 업무를 위임하고, 계획을 세우며, 직원을 교육하는 일로 채운다. 숙련된 기업가이자 손재주 많은 사람으로서, 그는 18구에 있는 자신의 집 테라스도 직접 꾸몄다. 또한 친구들과 함께 자전거로 브르타뉴 일주를 할 정도로 스포츠 우먼이기도 하다. 이때 그는 늘 방수 모자와 함께였다고.

1995년 생
필리핀

"루브르 박물관에서 일할 때,
전시장이 아직 관람객으로 채워지기 전인 고요한 아침에,
짧지만 모나리자와 나 둘만의 시간을 갖는 것을 좋아했어요.
특권을 누리는 순간이었죠."

높은 임대료 때문에 가족은 릴라 방향으로 몇 정거장 떨어진 곳으로 옮겨야 했다.

필리핀의 증조할아버지와 증조할머니는 모두 러시아인으로, 두 사람은 1920년 파리에서 만나 러시아정교 교회에서 결혼했다. 그리고 할머니, 그의 엄마가 태어났으며 러시아어는 몰라도 러시아에 대한 사랑과 러시아 문화는 물려주었다.

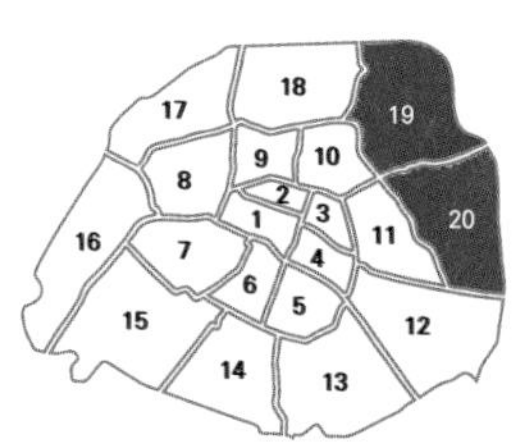

"부활절이면 교회에 축성하러 가져갈 작은 빵을 만들어요. 그리고 교회에서 사람들과 나눠 먹죠. 매우 감동적인 순간이랍

니다."

그는 오랫동안 주르댕Jourdain의 마룻바닥이 삐걱대는 오스만식 건물에서 살았다. 20구에 속한 이 지역은 여러 인종이 섞인 서민적인 동네로, 그는 여기서 예술가들과 우연히 마주치고는 했다. 하지만 높은 임대료에 떠밀려 가족은 릴라 방향으로 몇 정거장 떨어진 곳으로 이사해야 했다.

필리핀은 러시아어 공부를 막 시작하던 무렵, 소르본 대학교에서 역사와 예술철학으로 석사 과정을 마쳤다. 이후 열정적인 러시아어과 교수님들에 매료된 나머지 그는 언어학으로 두 번째 석사 과정에 들어갔다. 코로나19에 전쟁까지 더해져 러시아 연수 기회를 가질 수 없었지만, 주변국 정세를 살피는 한편 전쟁 반대 행진에도 참여한다. 고등학교 졸업 후 7년, 필리핀은 자신이 대학에서 연구하는 일을 좋아한다는 확신이 들었다. 직업의 세계로 뛰어드느냐, 박사 과정으로 들어가느냐……. 그는 목하 고민 중이다.

1996년 생
카미유

"파리에서 태어났기 때문에
이런 문제들과 상관없이 살아갈 수 있다는 것에 죄책감을 느껴요."

카미유는 자신이 파리에서 태어난 것, 파리가 그의 가족을 받아들여 준 것이 기쁘다. 가족은 1979년 이란 혁명 당시 양쪽 조부모님 모두가 조국 이란을 떠나온 가족사를 지녔다. 카미유는 자신의 뿌리를 기억하는 일에 열정적으로 임한다. 이란의 언어, 음식, 영화, 음악 등을 익히고 보고 듣는다. 하지만 어쩔 수 없이 자신이 프랑스와 유럽 문화에 속한 사람임을 깨닫는다.

충격적인 화재 이후 그가 좋아하는 쉴리 다리에서 바라보는 노트르담 성당의 모습이 바뀌었다.

"나는 프랑스어로 읽고 쓰니까요."

더불어 공부할 수 있는 기회가 주어진 것에 감사한다.

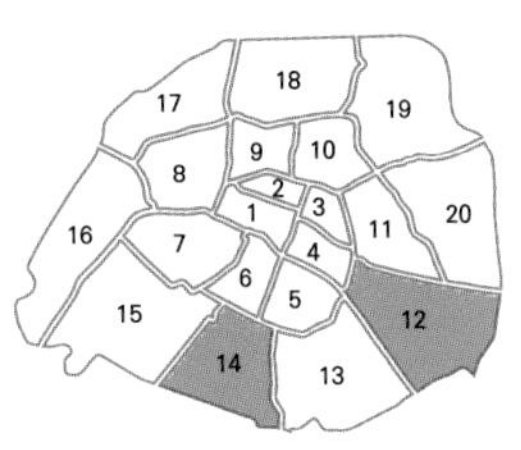

"무료 학교가 있다는 건 프랑스가 가진 유산의 일부죠."

그가 시앙스 포에서 국제관계학을 공부하는 것은 당연한 흐름으로 보인다. 하지만 중동 지역의 현재 상황을 분석하는 데 필요한 이론적 틀을 잘 갖추었다 하더라도, 이란인들이 처한 운명을 보며 심란해지고, 시위[1]가 가져올 결과에 대해 비관적인 입장이 되는 것은 피할 수 없다.

"파리에서 태어났기 때문에 이런 문제들과 상관없이 살아갈 수 있다는 것에 죄책감을 느껴요."

카미유는 유럽 공동체의 열렬한 지지자다.

"개선이 필요하기는 해도 멋진 발상이잖아요."

국제상공회의소에서 커리어를 시작한 그의 꿈이 이루어졌다. FAO[2]에 자리를 얻어 로마로 떠나게 된 것이다. 어디에 있든 이란과 프랑스, 두 뿌리에 대한 자긍심은 늘 그와 함께이리라.

---

1) 2022년 9월 이란에서 히잡 착용 문제로 도덕경찰에 끌려간 여성의 의문사로 촉발된 시위.
2) 유엔식량농업기구.

1996년 생

엘로이즈

"발견하기와 배우기, 내 인생의 키워드예요.
그게 없으면 정말 지루하죠."

행동하기와 배우기. 엘로이즈의 인생 키워드다. 그의 가족은 아베롱 또는 욘Yonne 에서 파리로 와 정착했다. 규칙을 따르는 얌전한 학생이 아니었던 그에게, 학교는 그의 넘치는 에너지를 제어해 줄 겸 수영을 권했다. 하지만 시간 낭비였다. 여덟 살 때 그는 철인3종 경기로 종목을 바꾼다. 롱샹 경마장 주위를 몇 시간 동안 달리고 자전거를 타고 돌며 연습했다. 아드레날린이 이끄는 대로 고등학교 때는 파리 소방대 예비 대원 자격을 얻어 매일 저녁과 주말 근무를 섰다. 유년 시절의 꿈이 응

2년의 공부 끝에 군軍 여단에 합격한다. 2년간 주말 동안 휴가 중인 소방대원을 대신해 일한다.

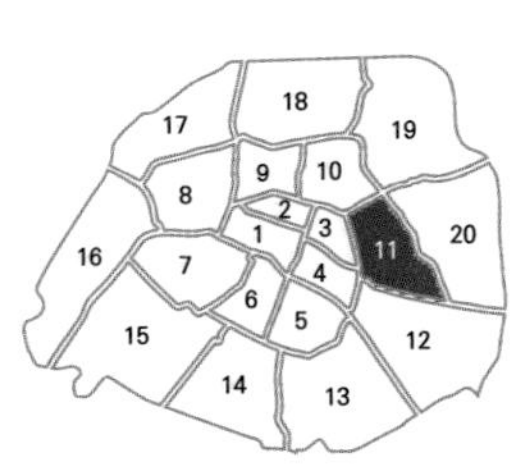

답을 받은 것이다. 그는 소방차에 올라타기까지 했다!

자신이 군 생활을 잘했는지 확인하고 싶었던 엘로이즈는, 제대로 된 의료 서비스를 받지 못하거나 사회적인 곤경에 처한 사람들에 대해 알게 되면서 자신의 이타적 성향을 발견한다. 그리고 2015년 11월 13일 테러 당시 도움을 자청한다. 결국 환경 및 안전 분야 단과대학 학위를 따는 것으로 스스로에게 답했다. 이어서 공학과 비즈니스 관련 학교에 동시에 입학하기에 이른다.

빌뉴스[1]에서 6개월, 멕시코에서 6개월을 보내며 여행 바이러스에 감염되기도 했다. 곧 긴 여행을 위해 배낭을 짊어지고 11구를 떠날 예정이다. 이번에는 친구와 함께 라틴아메리카로 향한다. 회계 감사와 컨설팅으로 번 돈이 다 떨어지면 돌아올 생각이다. 파리는 그때도 여전히 그에게 매력적인 곳일 테지만, 달릴 수 있는 초록색 공간은 얼마 없으리라는 것을 그는 안다.

---

1) Vilnius. 리투아니아의 수도.

1996년 생 안

"프랑스와 부모님을 대표한다는 것이 자랑스러워요."

안에게 파리는 2024년 올림픽 메달을 기대하게 하는 도시다. 그는 배드민턴 여자 복식 예선을 위한 준비를 끝낸 참이다. 어려서는 7구에 있는 프랑스 레이싱 클럽[1]에서 경기하는 부모님을 보며 자랐다. 부모님은 각자 1977년과 1978년 전쟁의 포화를 피해 베트남을 떠나 파리에 왔고, 여기서 만났다. 각자의 가족은 보트피플로서 겪은 아픔에 얽매이지 않고, 따뜻하고 결속력 있는 공동체를 꾸렸으며 베트남 전통을 이어 갔다.

월드컵은 사람들을 하나로 만들었다. 파리를 채운 분위기는 놀라운 것이었다.

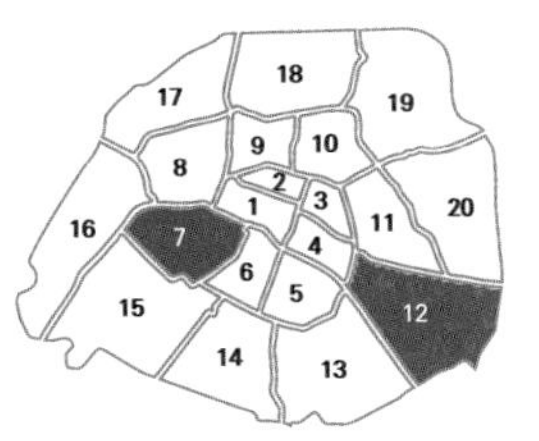

1) 1882년 설립된 옴니스포츠 클럽.

안이 학교에 다니기 시작하고 프랑스 음식이며 다른 형태의 가족을 알게 됐을 때 놀란 것은 그러므로 당연한 일이었다. 그는 방과 후 스포츠 활동에 참여하고 트램펄린과 승마를 시도한다. 그러다 여덟 살 때 참가한 대회에서 배드민턴에 푹 빠지고 만다. 그는 팀 정신에 대해 깨닫는다. 소녀는 선수로 성장했으며, 현재 트레이너인 아버지와 분과 책임자인 엄마를 대신해 코트에서 활약 중이다. 이제 최고 수준의 선수이자 국가대표가 된 안은 뱅센 숲 안에 자리한 INSEP[2]에서 학업을 이어 간다. 물리치료사 자격도 취득한다.

그의 일과는 오로지 배드민턴으로 채워진다. 두 차례의 일상 훈련과 코칭 회의 시간을 갖는데, 파트너와 일체가 되기 위한 필수 과정이다.

"복식 파트너는 나와 가장 많은 시간을 보내는 사람이고, 우리는 공통의 언어로 소통해야 하거든요. 어떤 판단이나 해석이 들어갈 여지를 주지 않는 언어죠. 부부나 다름없는 관계랍니다."

지난 마지막 대표팀 선발전에서 안은 파트너의 부상으로 인해 큰 좌절을 맛봐야 했다. 하지만 이번 파리 올림픽에서는 모든 희망이 열려 있다!

---

2) 엘리트 체육인을 양성하는 국립 훈련 센터.

1997년 생
노에미

"뇌졸중을 겪은 뒤, 종종 자신의 삶을 재고해야 하는 환자들의 재활 훈련을 담당합니다."

때로는 엄격한 병원 시스템 때문에 화가 나기도 한다. 하지만 현재로써는 열정을 가지고 업무에 임하고 있다.

노에미는 파리 태생이다. 뱅센과 매우 가까운, 12구에 있는 병원에서 태어났기 때문이다. 그러나 파리가 진정 그를 사로잡았던 때는, 그가 물리치료 전공 학생이 되고, 그랑물랭[1] 도서관의 고요와 불빛을 맛보던 시절이었다. 그는 학교를 졸업하고도 파리에 남기로 했다.

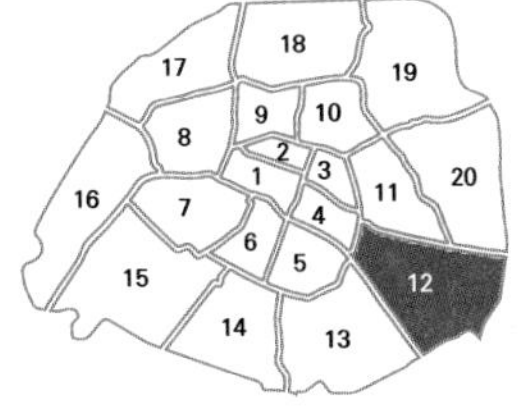

친구 셋과 임대료를 나누는 방식으로, 12

1) Grands Moulins. 파리 시테 대학교의 13구 소재 캠퍼스. 제분 공장을 리모델링한 건물을 사용한다.

구에서 비싸지만 안락한 아파트를 구할 수 있었다. 출퇴근에는 외곽 순환도로를 사용한다.

교외 소재 병원 신경과에 근무하는 그는 뇌졸중을 겪은 환자들의 재활 훈련을 담당한다. 그는 긴 시간을 요하며, 사람을 지치게 하는 데다, 챙길 것이 많은 이 치료 과정을 좋아한다. 이를 위해 총체적인 방식으로 접근하며, 환자의 말을 경청하고 헌신하는 자세로 임한다.

"정서적인 부담이 커요. 시간과 에너지를 써야 하죠. 삶이 이전과 완전히 달라진 경험을 한 환자들은 몸과 마음에 의지가 되는 존재가 필요하거든요."

병원 시스템이 갖는 경직성에 화가 날 때도 있지만, 현재 그는 열정적으로 업무에 임하고 있으며, 병원을 떠나 프리랜서가 되는 선택은 고려하고 있지 않다. 무엇보다도 노에미는 지금 같은 친구들과의 생활이 끝나더라도 파리를 떠나지 않을 수 있기를 바란다.

1998년 생
마농

"나는 엔지니어 집안에서 태어났어요.
그래서 나도 엔지니어가 되기로 했죠.
진로에 대해 딱히 나 자신에게
많은 질문을 던지거나 하는 일은 없었어요."

마농은 오스만식 건물들과 멀리 떨어진, 자신이 아끼는 장소인 재개발 지역 빌레트Villette에서 여러 생각에 잠겼다. 빌레트는 일단 그가 학창 시절 학문적 경험을 한 장소이며, 가족과 또는 혼자서 시간을 보낸 곳이다. 이후 알고리즘에 대한 질문을 던지는, 그의 새로운 연구를 위한 거대한 도서관이 되었다.

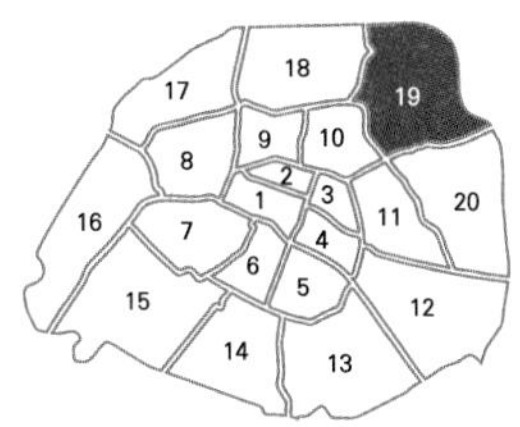

이제 젊은 연구원으로서, 그는 이 '도시 가장자리'에서 자유와 축제 그리고 퀴어 세계에 대한 '다소 궤도에서 벗어난' 태도를 발견한다. 빌레트는 학문의 파리이자 괴

짜들의 파리이며, 그가 마침내 자유를 경험하는 초현대적인 파리다. 순식간에 그는 오래된 기억들은 묻어 두는 쪽을 택한다.

"거식증과 지금 시대의 파리지엔이라니, 너무 진부하게 들리잖아요!"

1999년 생
그웨놀라

"시험을 망친 적은 결코 없어요.
휴학도 한 적 없죠.
바칼로레아를 끝낸 후 모든 게 순조롭게 이어졌어요.
크게 고민한 일도 없었어요."

그웨놀라에게는 멋진 날이었다. 비즈니스 컨설팅 석사 과정 끝자락에 첫 영구 고용계약 제안을 받은 것이다. 디지털로의 전환, 고객 서비스 실무, 중고 상품이라는 새로운 시장, 이런 주제에 대한 그의 이야기는 마르지 않는다. 미래가 열리는 순간이다. 곧 그웨놀라는 가족과 사는 아파트를 떠나 처음으로 혼자 살게 될 것이다.

여성의 입장에서, 그는 파리에서 저녁에 외출해 늦은 시간 안전하게 집으로 돌아오는 일이 쉽지 않음을 발견한다.

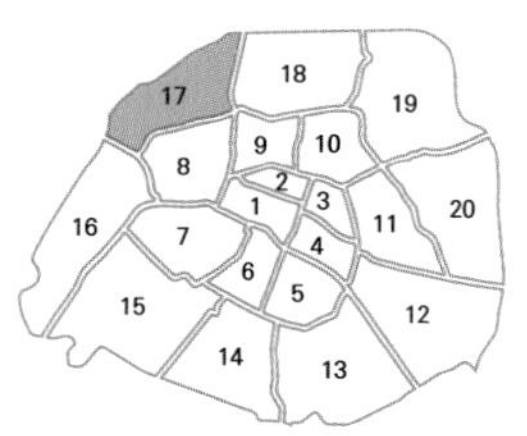

이제 남은 숙제는 자신에게 꼭 맞는 '쿨

하고 안전한' 동네를 찾는 일이다. 주야에 관계없이 마음 놓고 외출할 수 있는 곳이면 된다. 종종 그는 파리의 밤거리를 무섭게 느낀다. 남자라면 걸어서 이동하는 거리를 여자들은 우버를 타고 가야 하는 것이다.

폭행과 갈취를 목격한 전력이 있는 그로서는 즐기러 외출한 밤이면 정체 모를 것에 찔리거나 수상한 맛이 나는 음료를 건네받는 일 같은 악의적인 행위에 노출되지 않도록 주의를 기울인다. 하지만 대개는 첫 월급이 가져다준 뿌듯한 확신 속에서, 여행을 하고 패션에 관심을 기울이며 인생의 밝은 면을 즐긴다.

2000년 생 이시스

"파리에는 축제 같은 삶이 있어요.
그리고 예술의 세계에서는 가능한 모든 일들이 일어나죠.
각종 전시회며 관람객들, 구매자들, 온갖 만남이 오고 가요."

이시스는 파리 중심가와 그 속에서 즐기던 파티를 뒤로하고, 그의 열정의 대상인 일상 속 물건들과 함께 살아갈 준비를 마쳤다. 그는 테이블, 식기, 자그마한 물건들을 디자인하고 고안해 내며 제조한다. 유리나 세라믹으로 형태와 재료를 실험하기도 한다. '바칼로레아를 통과할지 어떨지도 확실하지 않은 학급 꼴찌'였던 그지만, 자신의 진로에 대해서만은 의심한 적이 없었다.

그는 오스만식 건물에서 자랐다. 1950년부터 할아버지가 거주한 이래 가족이 소유해 온 건물이다.

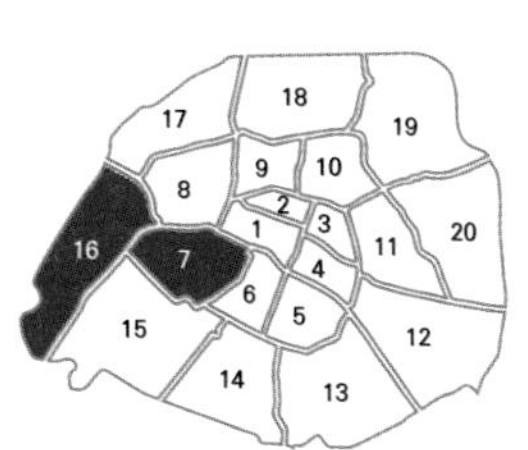

그는 예술학교 그랑제콜 준비반에서 실

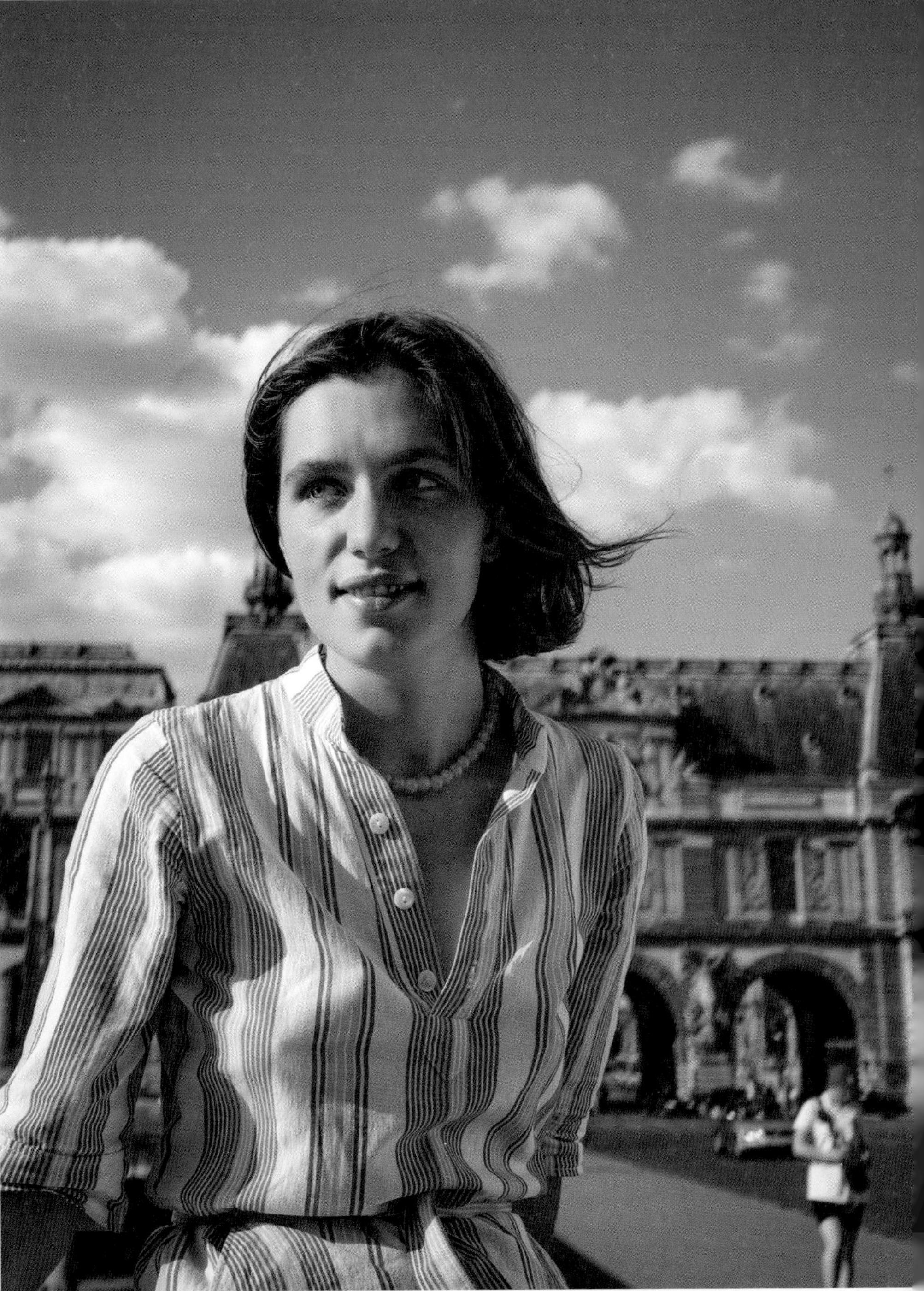

력을 발휘, 리옹 보자르[1]에 합격한다. 처음에는 테제베로 파리와 리옹을 규칙적으로 오갔으나, 조금씩 파리로 돌아오는 빈도를 줄여 나갔다. 그가 보기에 학교 선생님들은 3D 프로그램을 가르치는 일이 내키지 않는 듯했다. 가구와 디자인을 낮춰 보는 까닭이었을까? 하지만 그로서는 오히려 그 부분에 스위치가 켜졌다! 3년 후 이시스는 결단을 내린다. 학문적인 지식을 갖춘 지금, 그는 자신이 아는 최고의 학교, '기술을 익히는 것을 즐기며, 사람들과의 만남이 이루어지는' 그런 학교를 선택하려 한다.

다음 목적지는 베이루트. 나무와 금속 작업을 배우기 위해 사물 디자이너와 일할 계획이다. 그다음 파리에서 자그마한 아파트를 구할 것이다. 축제 같은 삶이 있는 파리가 아닌가.

"예술의 세계에서는 가능한 모든 일들이 일어나죠. 각종 전시회며 관람객들, 구매자들, 온갖 만남이 오고 가거든요."

---

1) 리옹 소재 고등 국립 예술학교.

2001년 생
소반

"나를 제대로 알고, 진정한 내가 되는 법을 배우는 중이에요."

다음 날 돌아오는 길에 그는 차체만 앙상하게 남은 차들과 엉망이 된 그랑다르메 거리와 에투알 광장을 보았다. 그는 이 모든 게 프랑스 역사에 기록될 만한 사건이라고 생각했다.

소반은 이제껏 받은 모든 직업훈련과 시도했던 일에서 즐거움을 느낀다. 마치 프레베르의 리스트[1]처럼, 어쩌면 세상에 대한 하나의 탐험이라는 관점에서 말이다. 대학에서 '연극, 영화, 인문학'을 공부하고, 음악학교에 들어갔다가, 서빙, 학교 상담사, 개와 고양이 훈련사까지……. 그는 더는 열정이 없거나 즐거움이 느껴지지 않을 때 '학위를 서랍에 넣어 두는 법'을 알았다. 또 두

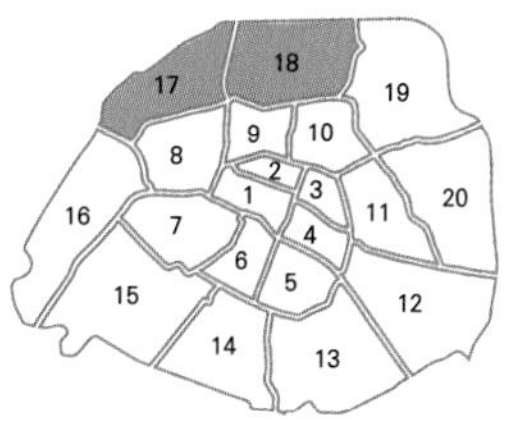

1) '의미 없는 목록'이라는 의미로 사용되는 관용구.

려움에 맞섰으며 위험에 노출되는 것을 받아들였다.

"나를 제대로 알고, 진정한 내가 되는 법을 배우는 중이에요."

결정적 선택 하나가 그를 자유롭게 만들었다. 11년이나 품고 살아야 했던 성폭력을 고발한 것이다. 그리고 자존감을 회복하면서 그는 연극, 노래, 음악이라는 초심으로 돌아갔다.

쿠르 플로랑[2]에서 뮤지컬 배우가 되기로 결심한 그는 되찾은 창조적인 에너지와 더불어 앞으로 닥칠 어려움을 극복할 준비가 되었다고 느낀다. 오페라 가수인 엄마처럼 그도 노래하게 될 것이다. 살아 있음을 느끼기 위해, 그에게는 늘 빛과 태양이, 그리고 '친절과 정직, 단순함' 속에서 사람들과의 다양한 만남이 필요하리라.

2018년 노란 조끼 시위대의 첫 번째 폭력 시위가 있던 날, 그는 함께 공부하던 학교 친구와 친구네 아파트에 갇혀 버렸다. 동네가 자동차와 오토바이를 불태우고 가게 진열창을 깨부수는 시위자들로 가득했기 때문이다.

"우리가 있던 건물에서 50미터쯤 떨어진 그랑다르메Grande-Armée 거리 모습을 TV 생중계로 봤어요. 뭔가가 터지는 소리와 사람들이 외치는 소리가 계속해서 들려왔죠. 그날 밤은 그 집에서 자야 했어요."

---

2) Cours Florent. 1967년 설립된 연극학교.

2002년 생 칼리스타

"이해심 많은 부모님은
내가 외출하거나 공부하거나 알아서 하게 내버려두세요.
나로서는 집을 떠날 이유가 없어요."

노트르담 성당이 불타던 날, 파리의 건축물과 상징들이 내게 얼마나 중요한지 깨닫게 되었다.

서점을 나오는 칼리스타 손에 '크세주'[1] 몇 권이 들려 있다. 그는 집단 학살, 인간성에 반하는 범죄와 망명권에 관한 치밀하고도 종합적인 해답을 찾는 중이다. 시험공부—그는 소르본에서 법학부 3년 과정을 막 통과했다— 때문이 아닌, '중요한, 매우 중요하다 할 만한 영역'을 파고들기 위해서다. 그는 훗날 이쪽 분야에서 일하고 싶은 마음이 있다. 폴란드계 유대인이라는 뿌리는 일찍이

1) Que sais-je. 프랑스 대학 출판사가 펴내는 학술 총서. 크세주는 '나는 무엇을 아는가'를 의미한다.

그로 하여금 홀로코스트에 대해 관심을 갖게 했으며, 이후 르완다 집단 학살에 대해서도 알게 되었다.

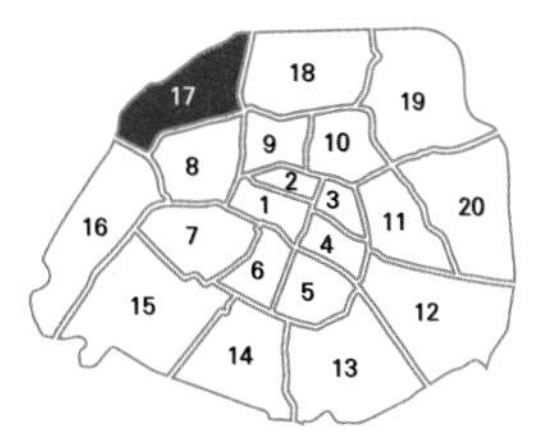

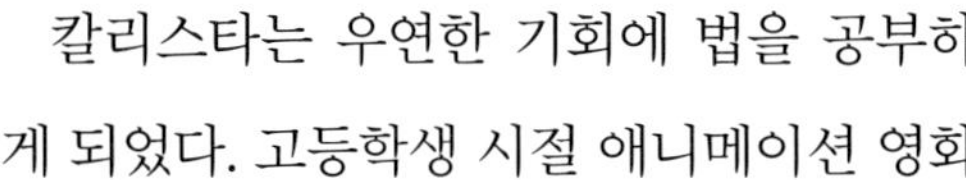

칼리스타는 우연한 기회에 법을 공부하게 되었다. 고등학생 시절 애니메이션 영화에 관심이 많았지만, 경연을 앞두고 움츠러드는 자신을 보며 '내가 정말로 이 분야에 열정을 가지고 있는지' 확신할 수 없었다. 그때 법을 공부해 보면 어떨까 싶었다. 법대에서 보낸 첫 해는 코로나19의 영향으로 힘들고 우울했다. 하지만 2학년이 되고 '뜻밖의 기쁨'을 맛본다. 그는 변호사가 되고 싶다. '긍정적인 영향력을 발휘하는 일이자 중요한 가치를 대변하는 일'이지 않은가.

칼리스타는 바티뇰 북쪽 구역에서 여전히 가족과 함께 살며 엄마의 카메룬 요리를 맛보는 호사를 누린다. 외국 여행도 몇 차례 다녀왔다.

"이해심 많은 부모님은 내가 외출하거나 공부하거나 알아서 하게 내버려두세요. 나로서는 집을 떠날 이유가 없어요."

2002년 생
노아

"필요한 건 오직 관용과 존중이라고 생각해요."

노아는 여전히 머릿속을 가득 채우고 있는 것을 꼽는다. 행복했던 어린 시절, 자신이 아는 모든 것을 배운 가정이라는 보호막, 일상이 이루어지는 아마두 암파테 바 광장 주변. 그는 건축 현장에서 알제리 출신 아버지로부터 목공 일을 배웠으며, 광장에서 이탈리아와 튀니지 혈통의 어머니가 아이들을 돌보는 것을 지켜봤다.

건축 현장에서 알제리 출신 아버지로부터 목공 일을 배웠으며, 광장에서 이탈리아와 튀니지 피가 섞인 어머니가 아이들을 돌보는 것을 지켜봤다.

이제 스무 살, 어른이 되는 준비 중인 노아는 다소 수다스러웠던 초등학생 시절을 거쳐 누가 봐도 여지없는 반항아로 중학교를 마쳤다. 지금은 패션 계열 바칼로레아[1] 결과에 납득하지 못한 채로 여전히 일을

1) 바칼로레아는 일반, 기술, 직업 계열 세 종류로 나뉘는데, 패션은 직업 계열에 속한다.

구해야 하는 상황에 놓여 있다.

앞으로 무엇을 할지 고민하는 동안에도 그는 실리적인 고려를 놓치지 않았다. 지난 1년간 아이들을 돌보는 일을 해온 것. 미래에 대해 생각하면서 어른들을 관찰하는 일도 쉬지 않았다. 미래의 그는 '메이크업 아티스트나 교육자', 아니면 '눈속임 예술을 활용하는 제과 기능사'일 수도 있다. 그러다 이게 아니다 싶으면, 다시 시작하는 거다!

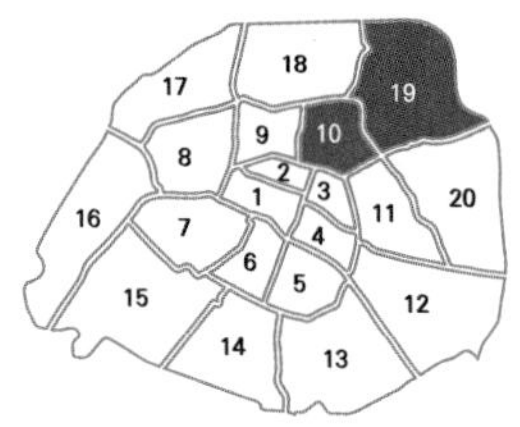

사랑에 빠진 스무 살 노아에게 사랑은 때때로 복잡하게 다가온다. 종교가 개입되면 특히 더 그렇다.

2003년 생 카를라

“나는 파리에 있는 기회들과 대학교 때문에 이 도시를 정말 좋아해요. 하지만 시간에 쫓기고 분주한 사람들이 사는 곳이죠.”

카를라는 생마르탱 운하를 따라 걷는다. 걷다 보면 그가 엄마, 오빠와 함께 사는 아름다운 HLM[1)]이 나온다.

“엄마는 우리에게 세상의 모든 사랑을 다 주셨죠.”

그에게 부모님이 헤어지기 전의 기억은 거의 남아 있지 않다. 집세 내기가 힘들다고 느낀 적도 결코 없다. 파리에 바예 델 카우카[2)]의 따스한 분위기를 만들어 낼 줄 알았던 엄마의 보호 아래 있었기 때문이다. 카를라

그는 오스만식 건물의 역사에 대해 공부한 야외 수업을 떠올린다. 그에게 깊은 인상을 남겼다.

1) 임대 아파트.

2) Valle del Cauca. 콜롬비아 서부에 위치한 주州.

CITIZEN

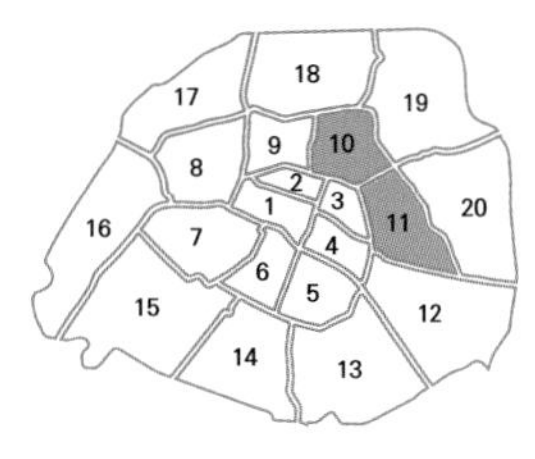

는 콜롬비아 문화, 즉 언어, 표현 방식, 전통 음식, 축제, 그리고 신앙심 속에서 살아왔고, 거의 사촌이라 해도 좋을 사람들과 함께 하던 놀이도 기억한다. 콜롬비아로 돌아가는 여행은 매번 큰 기쁨이었다. 콜롬비아의 산山과 겸손하고 너그러운 사람들을 만나는 일은 여행이 주는 어려움에도 불구하고 즐거웠으므로.

그는 약간의 거리를 두고 감탄하는 마음으로 파리를 바라본다. 이곳에 있는 기회들, 이 도시가 가진 대학교 때문이다. 하지만 시간에 쫓기고 분주한 사람들이 사는 곳임을 안다. 사랑하는 두 장소 사이에서 갈등하지만, 어쨌든 그의 삶은 대학에서 생물학을 공부하는 여기 파리에 있다. 아르바이트도 하지 않고 공부에만 집중하고 있는 그는 메종알포르Maison-Alfort 국립 수의학교 입학이 최종 목표다. 엄마의 신념이 어느덧 그의 것이 되었다. '학업에 집중!'

언젠가 시골에 집을 장만해 동물들과 함께 살기를 꿈꾸는 카를라. 하지만 엄마에게서 너무 멀리 떨어지지 않은 채로 파리를 떠나는 방법이 과연 있을까?

2004년 생 아이야

“집에 있다가 지루해지면 창문을 열고 밖을 내다보죠. 멋지잖아요. 저기 어디쯤에 내가 만들어 갈 이야기가 있을 테니까요.”

“난 운이 좋아요.”

아이야는 거듭 말한다. 그가 말하는 행운은, 튀니지 출신에다 근면한 가풍과 강한 유대를 지닌 가족을 가진 것, 더불어 서로 돕는 이웃이 있는 동네에 산다는 것이다. 비록 잡초 냄새 가득한 곳일지라도 구트도르 지역은 그에게 있어 두 번째 가족이나 다름없다.

비록 잡초 냄새 가득한 곳일지라도 구트도르 지역은 그에게 있어 두 번째 가족이나 다름없다.

“집에 있다가 지루해지면 창문을 열고 밖을 내다보죠. 멋지잖아요. 저기 어디쯤에 내가 만들어 갈 이야기가 있을 테니까요.”

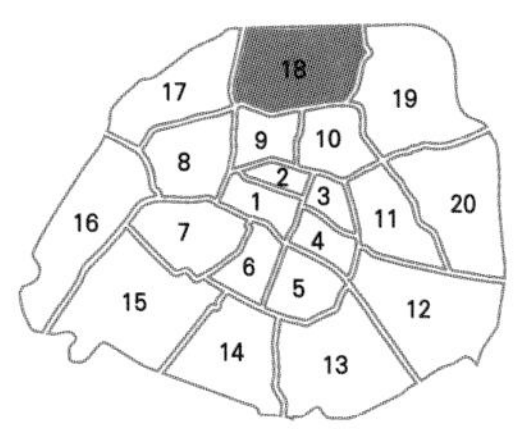

또 다른 행운은 힙합을 알게 된 것이다. 유

명한 샤이요 국립 무용단이 이 동네에 공연을 하러 왔을 때였다.

"저런 것도 춤인가 싶었어요. 바닥에서 뒹구는 그런 춤은 본 적이 없었으니까. 나는 일단 시도해 봤고, 결과적으로 컨템퍼러리댄스를 아주 좋아하게 되었죠."

호기심 많은 아이야는 즉흥성과 공유에 대한 감각을 지녔다. 컨템퍼러리댄스를 위한 준비가 된 것. 3년간의 공동 작업 이후 소규모 그룹으로 무대에 올랐고, 이 공연으로 아이야는 샤이요 무용원의 초청을 받기에 이른다. 그는 수정된 시간표에 따라 고등학교 수업을 받으며, 무용 기술을 연마 중이다.

"몸이 보내는 소리에 귀를 기울여야 해요. 그러면 몸을 혹사하는 일은 안 생기죠. 잘 먹고, 잘 자고, 춤추기 전 워밍업을 잘 하는 게 중요해요."

그의 몸은 학습된 문장으로, 아니면 '완전히 즉흥적으로' 말을 건다. 그리고 가족 모두가 이를 이해한다. 완벽주의자인 그는 의학 공부를 해볼 생각이다. '춤에는 약간 겁나는 면이 있기' 때문이란다. 하지만 진학에 실패하면 춤에 전념하게 되리라는 것은 분명하다. 장소는 언제나 파리가 될 것이다. 언제나 구트도르에서, 언제나 빛나는 채로.

2004년 생 아와+아다무

"어때, 넌? 여기서 쭉 일하고 싶어? 난 내키지 않아. 이 동네는 문제가 너무 많거든."

아다무는 파리에 남아 육아 보조 일을 할 생각이다. 아와는 전문 기술 자격증을 따기 위해 메스로 떠난다.

아와와 아다무는 말리로 돌아가기 위해 두 차례 18구를 떠난 전력이 있다. 이 일란성 쌍둥이는 친구, 산책, 학업에 방과 침대까지 모든 것을 공유한다. 둘은 주거니 받거니 말을 이어 간다.

"너는 더 차분한 편이야. 넌 좀 더 충동적이고, 너는 더 상냥하지. 좀 더 똑똑한 건 나고."

두 사람의 웃음이 터진다.

집에는 빈둥거리며 더는 아빠 말을 듣지 않는 오빠—쌍둥이에게는 오빠가 여럿이다— 한 명이 있다. 그러나 그들에게는 '학교가 우선'이다. 고등학교 졸업—둘 다 사회복지와 돌봄 계열 바칼로레아를 통과

했다— 후 둘은 늘 너그럽지만은 않은, 기다려 주지도 않는 직업의 세계를 경험하게 된다. 그들은 노인보다 어린아이 돌봄을 선호한다. 노인의 화장실 사용을 거들 때면 힘이 부치고 알츠하이머 환자인 경우 폭력성을 보이기도 하기 때문이다.

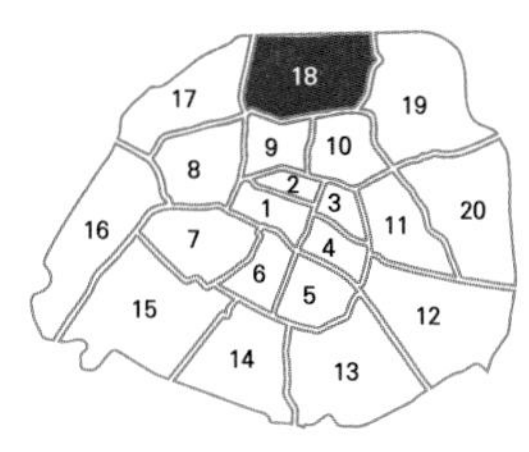

"노인들은 자신이 살아온 이야기를 들려주고 싶어 하죠. 우리보다 훨씬 많은 경험을 한 분들이고, 난 그런 이야기를 듣는 게 좋아요."

앞으로 진행될 학업 과정은 두 사람을 갈라놓을 것이다. 아다무는 파리에 남아 육아 보조 일을 할 생각이다. 아와는 전문 기술 자격증을 따기 위해 메스[1]로 떠난다. 좌우간 그들은 환경을 바꾸고 싶은 것이다.

"어때, 넌? 여기서 쭉 일하고 싶어? 난 내키지 않아. 이 동네는 문제가 너무 많거든."

---

1) Metz. 프랑스 동북부에 위치한 도시.

2006년 생 오디세

"나는 다른 여러 고등학교 친구들과 알고 지내요. 사람들과 어울리는 게 정말 좋고, 친구도 많죠."

오디세. 그의 이름은 그에게 잘 어울린다. 그가 여섯 살 때 가족 모두가 자전거에 올라 아시아로 떠났는데, 몽골에서 가족은 말을 타고 이 유르트에서 저 유르트로 이동했다. 오스트레일리아에 갔을 때는 캠핑카로 여행했다. 고등학교 2학년 방학 때 다녀온 몰타와 그리스는 그에게 자유와 만남의 향기를 느끼게 했다.

그는 몽마르트르의 보헤미안적 분위기를 간직하고 있는 앙베스 광장 주변을 산책하는 것을 좋아한다.

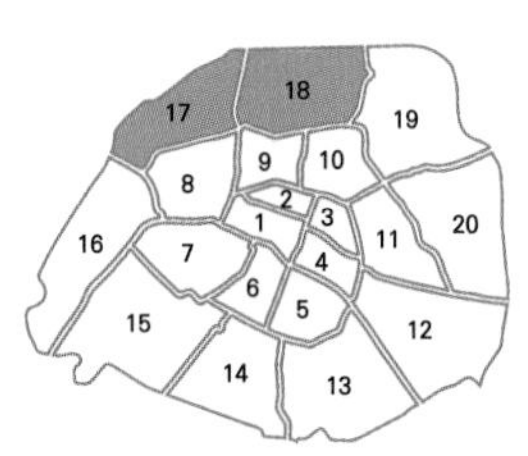

열여섯 오디세에게는 특히 우정이 중요하다. 운동경기를 할 때처럼 학교에서도 중요한 것은 경쟁이 아닌 우리가 만들어 가는 관계 속에 있다고 여긴다. 멋진 순간들, 함께 하는 파티, 나누는 대화 속에 말이다.

세 명이나 되는 언니, 오빠 들이 독립한 뒤로 집에서 외로움을 약간 느끼지만, 그가 전적으로 신뢰하는 어릴 적 친구들이 있어 든든하다. 친구들은 그의 이야기에 귀를 기울이고 그를 이해해 준다. 오디세는 현재를 즐겁게 살아가면서 형태를 갖춰 가기 시작하는 미래 또한 그려 본다. 지속 가능한 개발이나 재생에너지라고 안 될 게 있겠어?

2007년 생
캉디스+루이즈 엘리즈

2007

"줄곧 혼자서 할 수 있는 스포츠를 찾았는데, 이렇게 스케이트보드와 만났죠."

캉디스와 루이즈 엘리즈는 바티뇰 스케이트파크에서 매일 만난다. 삼각형 모듈과 철재 곡선 구조물 사이가 만남의 장소다. 다른 친구들과도 만난다. '오직 스케이트보드만 생각하는, 그저 즐기고 싶을 뿐인 친구들'이 되겠다.

두 소녀는 좀 더 경험이 풍부해 보이는, 연습을 위해 파리 외곽에서 오는 여자아이들을 유심히 지켜본다. 루이즈 엘리즈와 캉디스는 열정적인 무리에 속해 있다. 그들은 '킥플립'이나 '보드'라 일컫는 동작들을 시도하면서 자유로움을 느낀다.

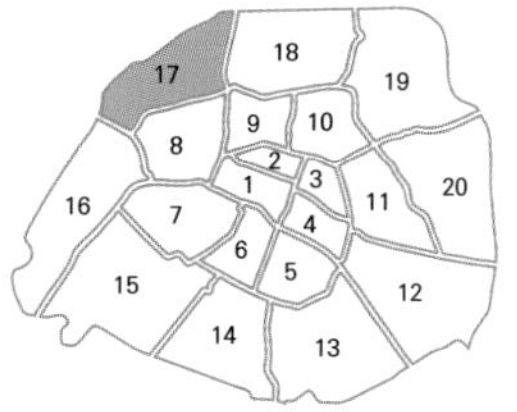

"줄곧 혼자서 할 수 있는 스포츠를 찾았는데, 이렇게 스케이트보드와 만났죠."

adidas

캉디스는 넘어지면 실수의 원인을 분석하기 무섭게 바로 일어나 다시 보드 위에 올라탄다. 그는 이해한 것이다! 스케이트파크의 10대는 그렇게 스스로를 알아 가는 중이다. 루이즈 엘리즈 역시 자신에 대해 이해한 듯 보인다.

"난 원피스나 치마를 절대 입지 않아요. 주로 청바지 차림으로 스케이트보드를 타죠."

2009년 생 이나에

"조랑말 카랭을 갖게 된 건 지금까지 있었던 가장 멋진 일이에요."

중학교 마지막 학년을 보내고 있는 이나에는 평화롭고 조용한 곳을 좋아한다. 엄마와 살고 있는 태어난 동네 20구에서 편안함을 느낀다. 근처에 페르라셰즈 묘지가 있다. 브라질 사람인 아빠는 현재 멀리 있다. 하지만 끼고 있는 코코넛 반지를 통해 그는 브라질을 가까이 느낀다.

생블레즈 거리는 작은 안식처이자 엄마와 자주 가는 동네로 학교에 갈 때 늘 지나는 곳이다.

이나에에게 중학교는 온갖 이야기와 언쟁이 오가는 정신없는 세상 그 자체였다. 그래서일까, 그가 이게 내 진짜 삶이라고 느끼는 때는 강아지 포그와이와 함께일 때, 그리고 뱅센의 승마 클럽에서 시간을 보낼 때다. 승마 클럽에서 그는 걱정을 배제한 우정을 쌓고, 그의 진정한

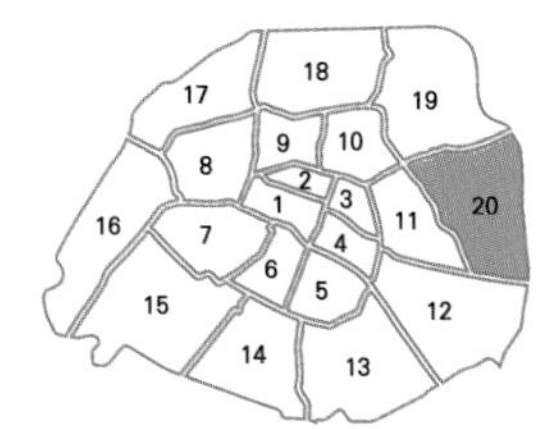

친구이자 아끼는 '순종 카마르그'[1] 조랑말을 만난다. 벌써 몇 년째 소녀는 매주 수차례 클럽을 찾아 자신의 조랑말과 기쁨과 걱정을 나눠 가지고 있다.

생블레즈Saint-Blaise는 작은 안식처이자 엄마와 자주 가는 동네다. 이나에가 학교에 갈 때 늘 지나는 곳이기도 하다. 동네 사람들은 그들의 평화로운 안식처이자 이곳만의 목가적인 분위기를 지켜 내고자 바리케이드를 치고 20세기의 현대적 도시화 계획에 맞서 싸웠다.

"그때 싸워 준 주민들 덕분에 이 동네에는 여전히 작은 집들이며 아트 갤러리가 남아 있죠. 딸아이와 자주 가는 솜씨 좋은 식당도 여럿 있답니다."

이나에의 엄마가 말을 보탠다.

---

1) 프랑스 남부 카마르그Camargue 지역을 원산으로 한 고대 말 품종으로, 일반적으로 세계에서 가장 오래된 말 품종 중 하나로 간주된다.

2010년 생 키미아

"나는 웨이브보드랑 권투를 정말 좋아해요!"

열두 살, 170센티미터에 가까운 키. 키미아는 장송드사일리 중학교에서 가장 키가 큰 학생 중 한 명이다.

키미아는 장송드사일리 중학교에서 가장 키가 큰 학생 중 한 명이다.

그는 태어난 11구에 대한 기억이 거의 없다. 키미아가 자라면서 모델로 삼은 사람은 언니들과 전직 포토스타일리스트인 엄마다. 그를 제외한 오빠와 언니 들은 이미 사진 촬영을 해본 경험이 있는데, 마침내 키미아 차례가 왔다.

그의 휴대폰과 인스타그램에는 예쁜 풍경부터 좋아하는 음식까지 모든 것이 담겨 있다. 사실 그로서는 모든 게 재미있다. 웨이브보드, 권투, 휴대폰으로 하는 서바이벌 게임, 아니면 '숨바꼭질과 술래잡기'까지.

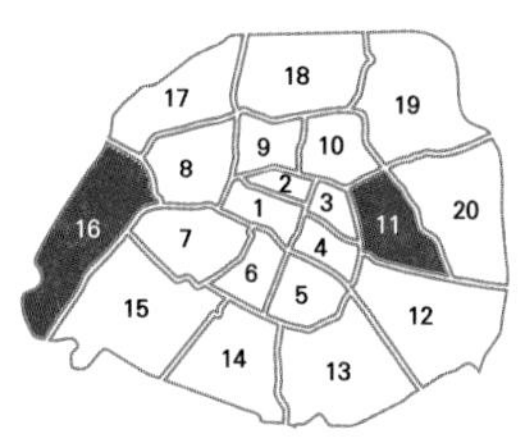

OUTSHOCK

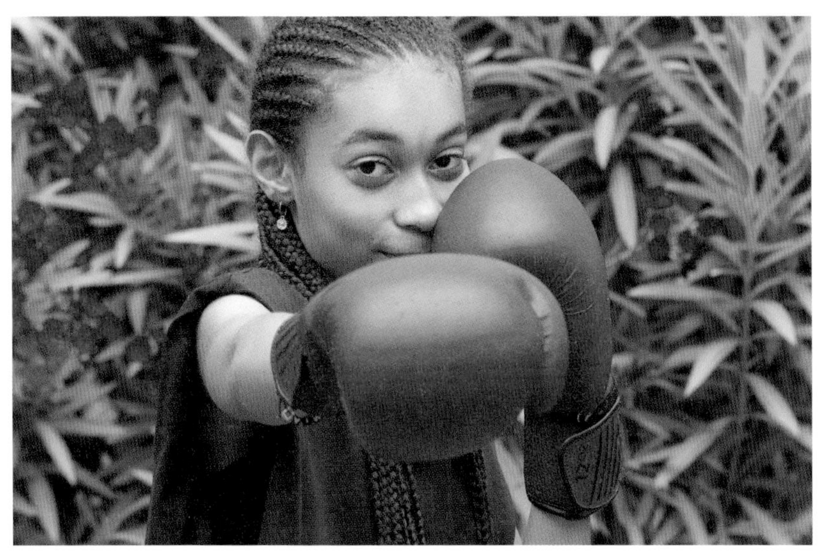

엄마의 머리카락이 다시 자라기 시작해 키미아는 정말이지 행복하다. 이제 더는 엄마를 만나러 병원에 가지 않아도 되니까!

2012년 생
쥘리엣

"만화 『아바타』와 『나루토』를 좋아해요.
2024년 올림픽 수영 경기를 직접 볼 수 있으면 좋겠어요."

프랑스 공군 편대가 7월 14일 에어쇼에서 색을 제대로 보여 주지 못한 일[1]은 쥘리엣을 크게 웃게 만들었다.

쥘리엣의 엄마는 네덜란드 사람이다. 네덜란드에서는 아주 어릴 때부터 수영을 배우는데, 쥘리엣도 그랬다.

에블레Éblé 거리에 있는 학교에서 프랑스 레이싱 클럽 수영장까지의 거리는 100미터 정도라, 일주일에 네 번 하는 그의 수영 훈련에는 이상적인 환경이다. 쥘리엣은

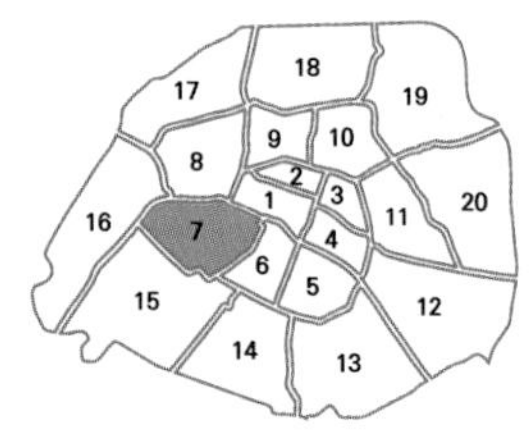

1) 2018년 7월 14일 혁명 기념일에 공군 비행단이 프랑스 국기 색인 파란색, 흰색, 빨간색을 잘못 연출한 해프닝을 말한다.

1년에 걸쳐 대회를 준비하며 평영 기록을 향상시키고, 배영에서는 수영장 모서리에 부딪히지 않도록 깃발이 올라간 다음부터 스트로크 수를 센다. 평영과 배영은 그가 좋아하는 영법이다.

쥘리엣은 친구들과 많은 시간을 보낸다. 운동장에서 줄넘기를 하고, 기구 위에서 체조를 하면서, 또 집에서 같이 만화를 보거나 수다를 떤다. 소녀들은 거의 주말마다 만난다. 어떤 날은 이 친구 집에서, 또 어떤 날은 저 친구 집에서. 모두 같은 동네에 살고 있어 얼마나 편리한지!

2014년 생
알반

“학교에서 킥보드나 자전거 타기, 트램펄린, 물구나무서기 같은 걸 해요. 몸을 거꾸로 해서 발을 공중으로 올리는 건 정말 어려워요. 난 한 번도 성공한 적이 없어요.”

벨페이유Belles-Feuilles 거리에 살면서 책을 읽고 그림 그리기를 좋아하는 것은 당연한 일!

여덟 살 알반은 트로카데로Trocadéro에 살고 싶을 정도다. 도서관에서 마리옹 뒤발[1]에 대해 하나씩 알아보는 소녀는 논픽션이나 만화 서가 사이에서 바쁘다.

2020년 여름 코로나19가 유행할 때, 엄마가 알반과 동생에게 에펠탑 구경을 시켜 주었다. 정말 특별한 경험이었다! 관람객이 거의 없었기 때문이다.

“예약이 필요해요. 정말 많은 사람들이 좋아해서 책이 없어요. 동생

1) Marion Duval. 일러스트레이터이자 그림책 작가.

LE TRANSSIBÉRIEN
LA GUERRE D'ALGÉRIE
DES DEUX CÔTÉS DU MONDE
Révolution française
L'ÉGYPTE
930 – ANTIQUITÉS
LA GRANDE GUERRE
Copain de l'Archéologie
Le monde ARABE
LE MOYEN ÂGE

은 장난꾸러기 아나톨 라튈[2]을 좋아하는데, 엄마 아빠는 그렇게 좋아하지 않아요. 그런 어리석은 짓은 하기도 어려운데 말이에요."

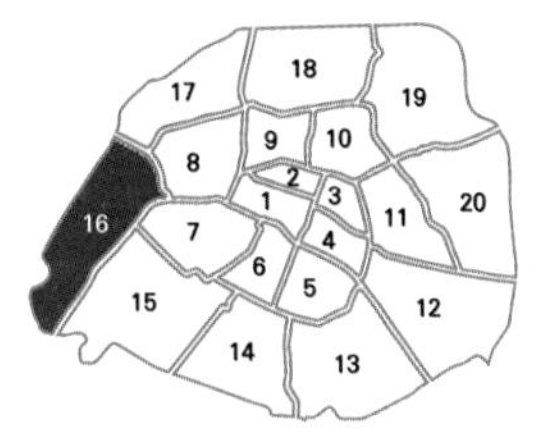

이 열정적이고 에너지가 넘치는 소녀는 개학날이 오기를 고대한다. 암벽등반 과정에 등록하기 위해서다. 학교에서 가장 좋아하는 것은 트램펄린, 물구나무서기 같은 운동을 하는 시간이다.

"공중으로 발을 들어 올리는 건 정말 어려워요."

알반은 9월이 오기를 기다리며 자신만의 이야기를 만들고 색깔을 입힌다. 그의 첫 번째 모험이다.

2020년 여름 코로나19가 유행할 때, 엄마가 알반과 동생에게 에펠탑 구경을 시켜 주었다. 정말 특별한 경험이었다! 관람객이 거의 없었기 때문이다. 세 모녀는 꼭대기 층까지 올라갔는데, 그건 마치 파리 상공을 날아다니는 느낌이었다.

"유명한 건물들이 다 보였어요. 날씨가 좋았거든요. 구경을 마치고 2층으로 내려와 다 같이 아이스크림을 먹었죠. 정말 멋진 날이었어요!"

2) Anatole Latuile. 초등학생 아나톨을 주인공으로 한 아동용 그림책.

2016년 생 로리

"아빠는 내가 다니는 학교 근처에 살아요."

파리 차이나타운은 1970년대 탈공업화 및 대규모 부동산 개발이 이루어지는 가운데, 아시아 이민자들의 유입으로 수혜를 누린 지역이다.

로리는 13구에서 태어났다. 지금은 엄마, 남동생과 함께 산다. 부모님은 이혼했지만, 그렇다고 아빠와의 관계가 멀어지거나 하지는 않았다.

"아빠는 내가 다니는 학교 근처에 살아요."

소녀는 작고 수줍은 목소리로 자신을 둘러싼 세계에 있는 사람들을 꼽아 본다. 아빠 쪽 사촌 형제자매들, 학교 친구들, 늘 가지고 노는 인형, 본인 말고는 아무도 이름을 모르는 털 인형들……. 소녀에게 갑자기 중요한 것이 떠올랐다.

"난 캄보디아 말도 할 줄 알아요."

엄마와 외사촌들과 말할 때 사용하는 언

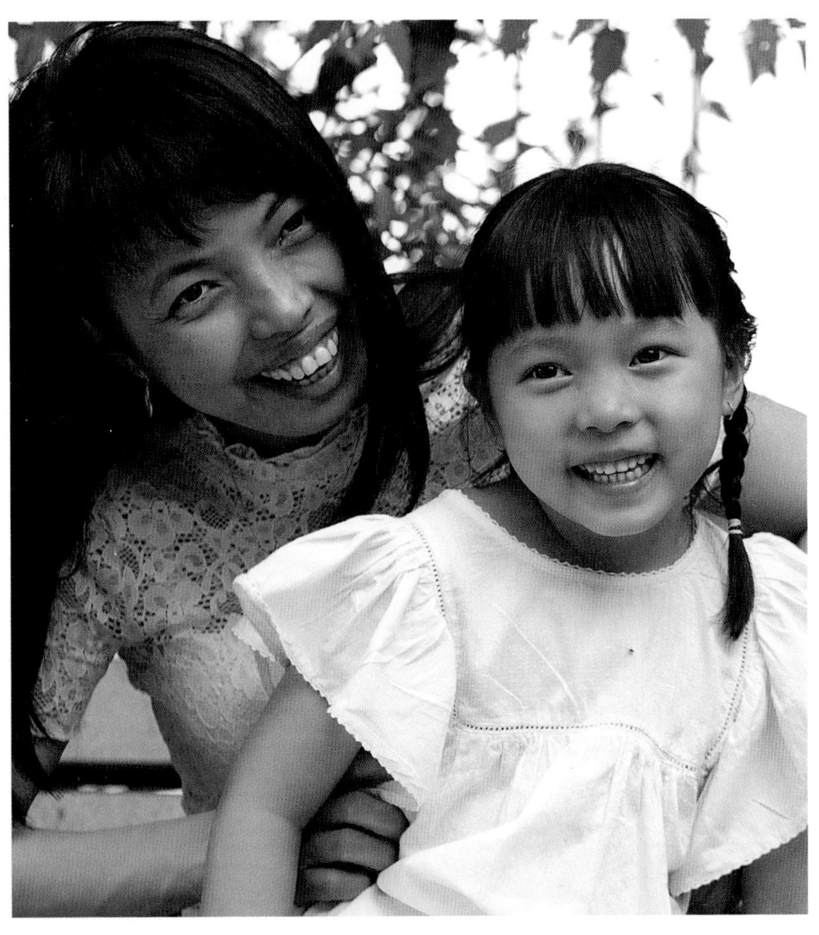

어다. 스물세 살에 일을 찾아 파리로 온 엄마는 식당에서 일하며 때때로 힘든 시간을 보냈다. 하지만 엄마는 로리에게 주고 싶었던 삶을 꾸렸다는 사실에 행복을 느낀다.

2019년 생 아미나타

"나는 딸을 위해 일해요. 우린 함께 고생했죠."

아미나타는 생후 몇 개월 동안 호텔에서 지내며 피곤하고 불안정한 생활을 했다.

아미나타의 엄마는 말리 출신이다. 바마코의 모스크에서 사촌과 결혼한 뒤 비행기를 타고 파리에 왔다. 그의 의사와는 상관없이 벌어진 일이다. 아버지에게 순종적이고 헌신하는 딸이기에, 아와는 신앙심 두터운 가족의 결정에 반대하고 싶지 않았다. 하지만 이런 미래를 기대한 것은 아니었다.

아미나타가 태어나고 신분증명서가 나온 지 얼마 안 돼, 부부는 마찰을 겪었고 아와는 집에서 쫓겨나는 처지

에 놓였다. 구급차를 부를 정도의 상황이었다. 아미나타는 생후 첫 몇 달을 호텔에서 지냈다. 그 피곤하고 불안정한 생활이 끝나고, 다시 몇 년간 재활 시설에서 생활했다. 아와는 현재 물류 창고에서 고객이 주문한 상품을 준비하는 일을 하고 있다. 그 밖의 모든 시간은 딸과 함께 보내는 데 쓴다.

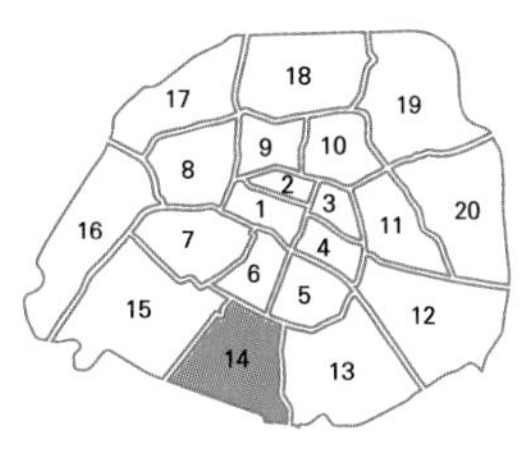

"나는 딸을 위해 일해요. 우린 함께 고생했죠."

이제 유치원에 다니는 아미나타는 종종 대인 관계에 어려움을 겪는다. 아와는 딸의 얼굴이 밝아지고 말문이 트이기를 바란다. 그는 딸이 아직까지 본 적 없는 사촌들에 대한 이야기를 자신의 아프리카 언어로 들려주며 딸을 위해 기도한다.

2019년 생

조르지아

2019

두 개의 언어, 세 개의 문화, 그러나 단 하나의 도시, 파리. 이제 세 살이 된 조르지아가 태어난 곳이다. 아이는 양쪽에서 들리는 "왜"라는 질문 속에서 부모님과 함께 석류 주스를 마시며 방글댄다. 마치 파리의 카페테라스에서 볼 법한 이 장면은, 10구 벨쥔스Belzunce 거리에 위치한 소녀가 다니는 유치원에서 벌어진다.

보르도 사람인 엄마는 건축가가 되면서 파리로 올라왔다. 아빠는 이중국적을 가진 영국 사람이다.

보르도 사람인 엄마는 건축가가 되면서 파리로 왔다. 아빠는 이중국적을 가진 영국 사람이다. 할아버지는 아빠가 인도에서 태어나기를 바랐단다. 조르지아의 미들네임 미라Mira가 어쩌면 그에게 인도로 향하는 여행의 문을 열어 줄지도 모른다. 인도로 돌아가 살고 계신 할아버지와 할머니는 그곳에서 손녀를 보게 될 날을 내내 기대하고 계시다. 하

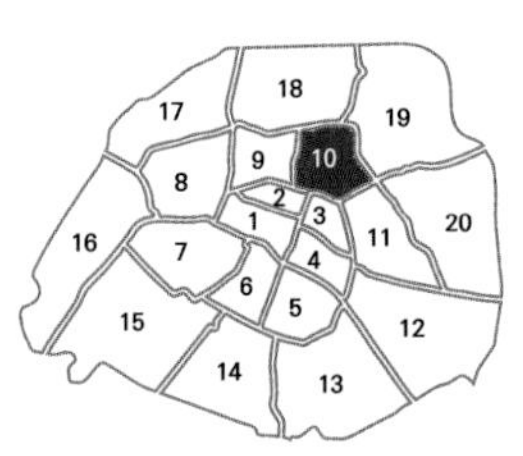

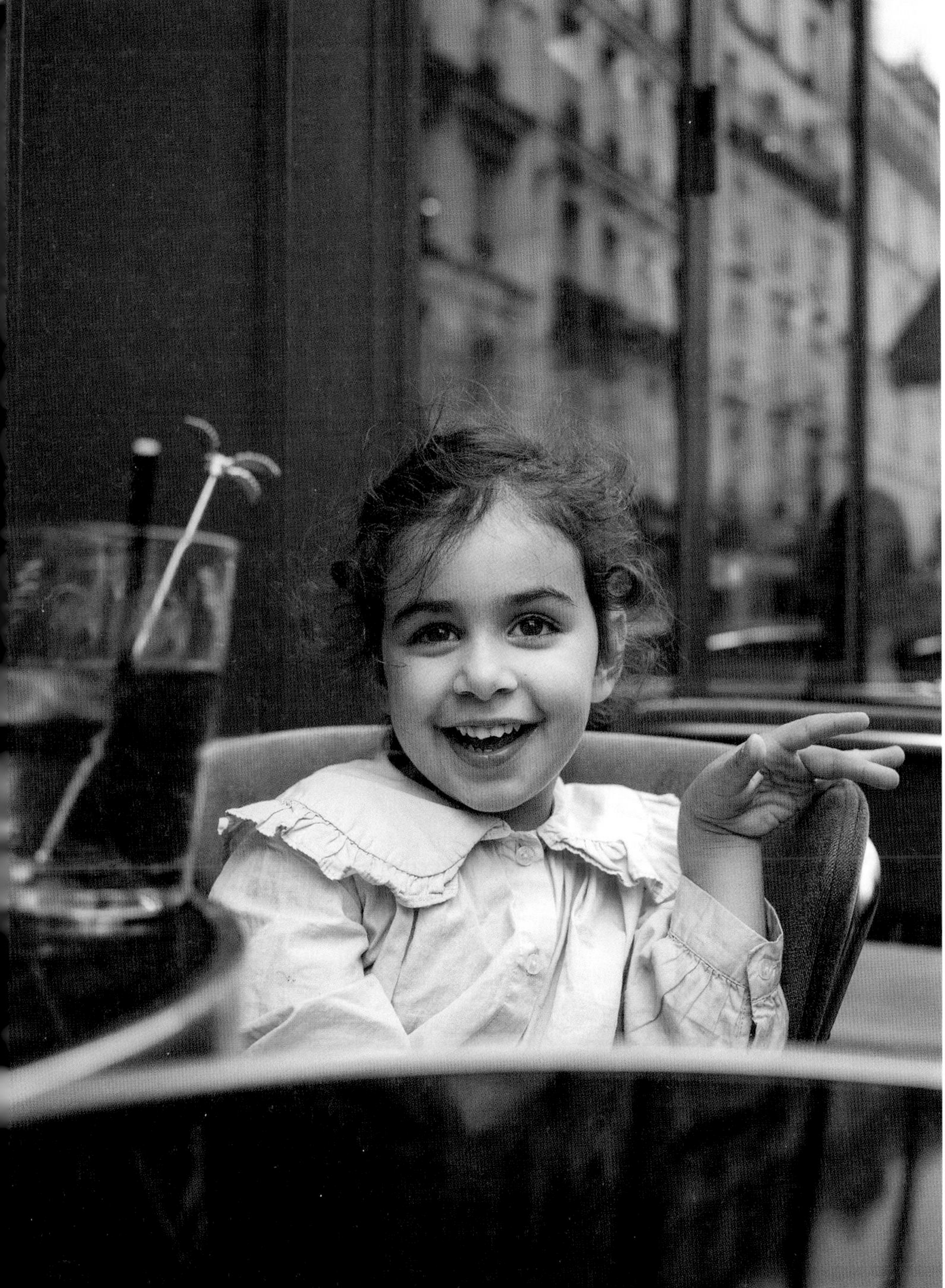

지만 전염병 때문에 여행이 불가능한 상황이다.

그동안 엄마와 아빠는 각자 프랑스어와 영어로 조르지아에게 책을 읽어 주며 시간을 보낸다. 그가 좋아하는 책 속에 나오는 호랑이, 악어, 마하라자[1]로 가득한 세상이 펼쳐진다. 날개 달린 캥거루가 파리를 발견한다. 라두[2]를 좋아하는 먹보 코끼리 가네샤[3]가 시인 브야사[4] 와 이런저런 이야기를 나눈다.

파리가 조르지아에게 세계에서 유일한 도시로 남게 될까?

---

1) maharajah. 인도 문화권에서 왕을 지칭하는 말.

2) laddu. 달콤한 맛의 인도 전통 디저트.

3) Ganesha. 코끼리 얼굴을 한 힌두교의 신. 지혜와 행운을 상징한다.

4) Vyasa. 인도의 현자賢者. 힌두교의 중요한 성전 중 하나인 『바가바드기타』의 저자로 알려져 있다.

2021년 생 로즈

2021

"아기 얼굴색이 고운 분홍빛이라
희망을 가져도 된다는 간호사의 말을 듣고 수화기를 내려놓았어요."

> 아기를 집으로 데려오기까지 14주 하고도 반이 걸렸다. 얼마나 길게 느껴지던지!

막 한 살이 된 로즈는 잘 웃고 낯가림이 없는 아주 건강한 아기다. 로즈는 2021년 6월 조산아 병동에서 '기적적으로' 태어났다. 26주 차 출산, 905그램에 34센티미터. 겨우 '토끼 울음소리'를 내며 태어나기까지 의료진과 산모는 전쟁을 치렀다. 이 예기치 않은 출생으로 엄마는 얼이 나간 상태였는데, 설상가상으로 코로나19 때문에 아빠는 대기실 밖으로 나올 수 없었다. 아기 이름도 지어 놓지 못한 터였다. 간호사가 젊은 엄마를 안심시켰다.

"아기 얼굴이 고운 분홍빛이에요."

그렇게 아기의 이름은 로즈가 되었다. 하지만 부모에게 아기와의 접촉은 여전히 허락되지 않았다. 출산 후 며칠이 흐르고서야 마침내

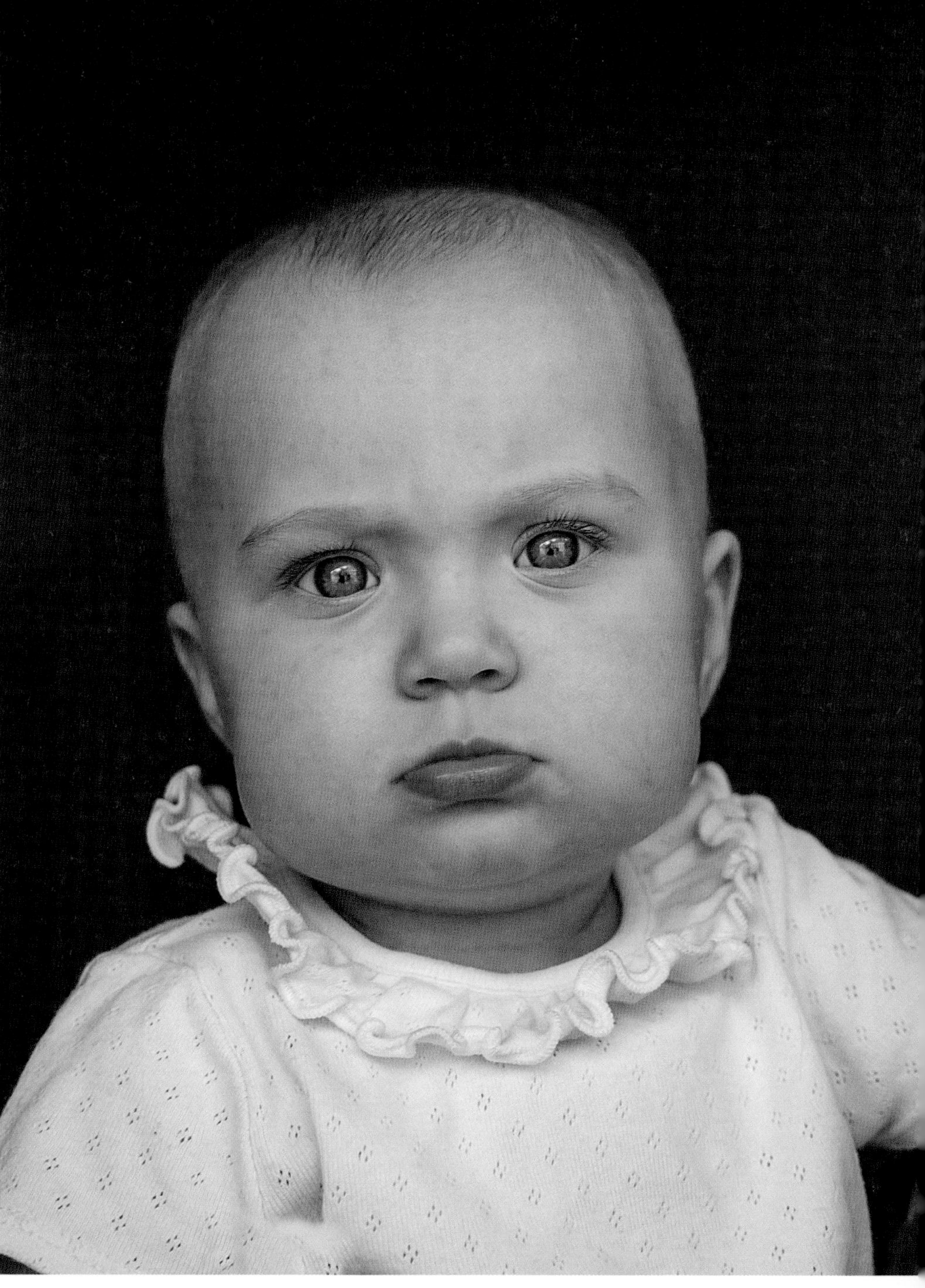

아기와 피부를 맞댈 수 있었다. 부부의 지인들은 혹시나 하는 생각에 축하 인사를 할지 말지 망설였다고.

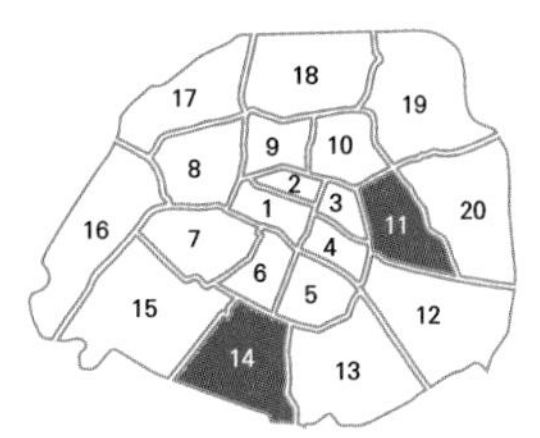

어쨌거나 아기 로즈는 난관을 하나씩 극복해 가며 쑥쑥 자랐다. 간호사가 직접 떠서 인큐베이터 안에 넣어 준 문어 인형 덕분이었는지도 모르겠다. 탯줄을 떠올리게 하는 인형의 촉수가 몸을 감싸자, 로즈가 호흡 장치나 영양 공급 튜브처럼 의지하고 수개월을 버틸 수 있었는지도.

코로나19 유행으로 병원에는 부모의 방문만 허락되는 상황. 아기를 직접 보는 대신 할머니를 비롯한 가족 모두와 친구들이 아기 엄마 아빠에게 필요한 것들을 챙겨 주었다. 부부가 11구의 집으로 마침내 아기를 데려오기까지 14주 하고도 반이 걸렸다. 얼마나 길게 느껴지던지!

이름은 모르는 파리지엔에게

"그는 정말 파리지엔이야!"

여러분 각자가 그리는 하나의 초상이 있을 것이다. 더하고 싶은 개인적인 이미지도 있을 터.

파리지엔은 다른 방식으로 묘사될 수도 있었다. 오래전에 파리를 떠난, 하지만 자신의 일부는 이 도시에 남겨 둔 **파리에서 태어난 파리지엔**, 유년 시절의 기억 속에 파리가 당당히 존재하지 못하는 **거의 파리지엔인 파리지엔**, 어떤 핑계를 대고라도 파리로 돌아오고야 마는 **마음이 정해 준 파리지엔**, 종종 낯선 억양으로 말하지만 파리라는 도시와 그 정신, 패션, 문화와 사랑에 빠진 **파리지엔보다 더 파리지엔 같은 파리지엔**…….

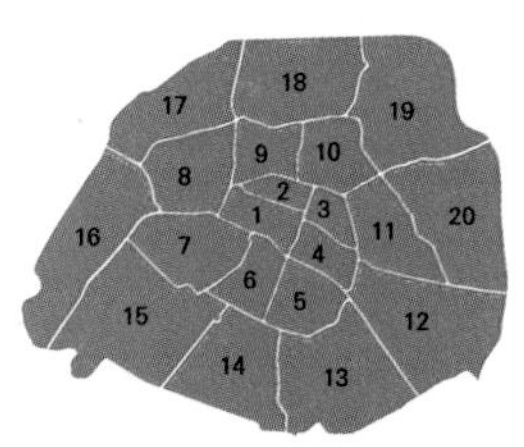

더 많은 파리지엔이 이 책에서 그들의 자리를 찾았어야 했다. 병 때문에 약해진 모습으로 사진 속에 남을 수 없었던 보모, 자신의 삶이 책에 실릴 만큼 흥미롭지 않

다고 말한 제빵사—그는 파리 스타일 바게트에 푹 빠져 있었다, 파리의 임대료를 더 이상 감당하기 벅차다는 세탁부. 우리가 사랑하는 파리를 만들어 가는 이는 당신들이다.

이 책에 담지 못한 파리지엔들 역시 저마다 이 도시의 특징 하나를 품고 산다. 책에 실려 있든 아니든 그들 모두가 파리에 생기와 인간미를 부여하는 존재다.

파리지엔Parisienne에는 '파리 토박이', '파리에 사는 여성'이라는 사전적인 뜻이 있지만(같은 뜻의 남성 명사는 '파리지앵Parisien'이다), 우리는 대체로 뭔가 우아하고 세련된 어떤 것을 이 단어 속에서 느낀다. 일견 '프렌치 시크'라는 말이 주는 느낌과 겹치기도 한다. 멋 내지 않아도 멋스럽고, 꾸미지 않아도 세련돼 보이며, 도시적인 도도함 속에서도 '톨레랑스tolérance'라는 타인을 향한 배려가 포함된 매력이 그것이다.

파리가 어떤 도시인가. 위그카페 왕 집권기(987-996)부터 천 년 이상 프랑스의 수도로 군림하면서, 프랑수아 1세 때는 이탈리아에서 들여온 르네상스 예술과 문화를 꽃피웠고, 18세기 말 왕정을 무너뜨린 프랑스 혁명의 중심에 있었으며, 유럽 대륙을 호령한 나폴레옹 시대를 거쳐 벨 에포크(아름다운 시절)라 불리던 19세기 말에는 세계 문화 예술의 수도이지 않았나.

켜켜이 쌓여 온 유산을 품은 파리가 매력적인 도시라는 사실을 부정할 사람은 없을 터. 하지만 이 도시에 살기 위해서는 어떤 각오가 필요할지도 모른다. 현재의 파리는 높은 물가와 잠재한 테러 위험에 날로 심각해지는 치안 문제를 안고 있다. 그럼에도 불구하고 통계 수치 속 파리는 여전히 전 세계 관광객들로부터 넘치는 사랑을 받는 도시다.

이 책의 저자는 네덜란드를 중심으로 유럽에서 활동하는 여성 사진 작가다. 그는 20여 년간 파리에 살면서 이 도시와 도시에 사는 여성들에게 깊은 관심을 가지게 되었고, 파리지엔의 입을 통해 그들이 어떤 사람이며, 어떻게 이 시대를 살아가고 있는지 들여다보는 작업을 줄곧 하고 싶었다고 한다. 독자 역시 비슷한 이유로 이 책을 선택했을 테니, 파리와 그곳에 사는 사람들은 여전히 세계적인 관심의 대상인 것 같다.

기실 프랑스와 파리, 파리지앵(파리 시민을 통틀어 일컬을 때는 이렇게 쓴다)을 주제로 한 책은 이미 나와 있는 것만으로도 그 종류와 수가 엄청나다. 그 가운데 이 책이 갖는 특별함이 있을까? 저자는 바라 왔던 대로 파리 곳곳에 널린(?) 문화유산이 아닌 파리지엔과 그들의 삶을 카메라로 포착했다. 1921년에 태어난 할머니부터 2021년 생 아기까지, 파리를 관통한 100년의 시간을 파리지엔의 모습 속에 담아 파리 100년사를 완성한 것이다.

작가는 사진을 통해 확장된 글쓰기 효과를 노린다. 다수의 사진 속에서 우리는 인물과 더불어 그들의 거주 공간을 보게 된다. 인물 사진만으로도 그 사람에 대해 읽어 내는 일이 가능하지만, 실내 공간을 담은 한 컷의 효과는 상당해서, 독자는 인물이 속한 사회와 살아온 역사며 품고 있는 생각까지 유추해 볼 수 있다. 이는 발자크가 소설 『고리오 영감』에서 사용한 방식, 즉 어떤 장소를 매우 상세히 묘사함으로써 독자로 하여금 그 장소와 관련된 인물의 성격과 그가 처한 상황, 나아가 소설의 전개 방향까지 미루어 짐작하게 하는 것과 다르지 않다.

번역 작업상의 애로로는, 본문에 언급된 여러 역사적 사실을 포함해 취재 대상의 다양한 배경과 연령에 따른 말투 등으로 말미암아, '명확하지 않으면 프랑스어가 아니다'라는 말이 무색할 만큼 모호한 문장이 많았던 점을 들겠다. 사진에서 힌트를 얻어 완성한 문장도 꽤 된다. 저자의 의도(!)가 필자의 번역 작업에도 효과를 발휘한 셈이다. 굳이 수전 손택의 사진에 관한 정의를 끌어오지 않더라도, 하루라도 사진을 소비하지 않고는 못 배기는 세상에서 사진작가인 저자는 글쓰기와 동일한 기능을 수행하는 작업으로서의 사진을 제시하지 않았나 한다.

연간 8천만 명에 달하는, 세계에서 가장 많은 관광객이 찾는 도시이자 패션과 예술의 도시 파리. 하지만 그곳에서 매일매일 살아가는 '생활인으로서' 파리지엔이 들려주는 가공되지 않은 이야기들을 읽어 나가다 보면, 독자는 관념 속 파리지엔과 현실 속 파리지엔 간 존재하는 간극을 느낄지도 모른다. 그러나 모진 세월을 견뎌 낸 미셸 할머니의 편안한 눈빛과 엷은 미소에서부터, 렌즈를 향한 호기심 가득한 눈망울로 이제 막 인생을 시작한 맑디맑은 로즈의 얼굴 속에서, 빠른 회복탄력성으로 현재를 수용하며 자신의 삶을 살아 나가는 이들 파리지엔의 유연하고도 강인한 마음가짐이라는, 새로운 면모를 발견하게 될 것이다.

송천석

카메라 들고,
파리지엔을 만나다

초판 1쇄 발행 2024년 3월 4일

지은이 마리 루이즈 나이싱 | 옮긴이 송천석

펴낸이 송천석

편 집 최예진

디자인 이정아

펴낸곳 **에디미디**

출판등록 제385-2021-000039호

SNS editionmidi | 이메일 edimidi@naver.com

주 소 경기도 안양시 동안구 귀인로 172번길 26, B1. 6호

전 화 031-457-2365 | 팩 스 0504-468-0435

ISBN 979-11-976414-5-9 (03300)